# 완벽한
# 영어공부법

"10년 공부해도 안 되는 당신을 위한"

# 완벽한 영어공부법

**초 판 1쇄** 2018년 07월 25일

**지은이** 전희정
**펴낸이** 류종렬

**펴낸곳** 미다스북스
**총　괄** 명상완
**책임편집** 이다경

**등록** 2001년 3월 21일 제2001-000040호
**주소** 서울시 마포구 양화로 133 서교타워 711호
**전화** 02) 322-7802~3
**팩스** 02) 6007-1845
**블로그** http://blog.naver.com/midasbooks
**전자주소** midasbooks@hanmail.net

© 전희정, 미다스북스 2018, *Printed in Korea*.

**ISBN** 978-89-6637-585-1 03190

값 **15,000원**

 미다스북스는 다음세대에게 필요한 지혜와 교양을 생각합니다.

# 완벽한 영어공부법

전희정 지음

미다스북스

# 영어가 당신을 자유케 하리라

**영어를 왜 공부하는가?**

어떻게 하면 영어를 잘할 수 있냐고 물어오는 사람들에게 나는 거꾸로 질문한다.

"왜 영어를 공부하려고 하십니까?"

우리가 영어공부를 할 때 꼭 던져야 하는 질문이 바로 '왜why?'다. '왜 why?'라는 질문이 금기시되고 때로는 바보 같은 질문이라고 치부해버리는 우리 사회에서 이만큼 중요한 질문이 또 있을까? 특히 공부를 할 때는 더더욱 필요한 질문이다. 하지만 이 질문을 우리는 스스로에게 하지 않는다. 영어를 유창하게 잘해서 이루고자 하는 목표가 명확할수록 영어실력은 더욱 빠르게 는다.

'왜why'가 빠진 공부는 하나마나다. 영어를 잘하는 비결도 어쩌면 바로 이 '왜why'에서 출발한다. '왜why'가 명확하지 않으면 영어공부를 해나가는 과정에서 필히 부딪히게 되는 지루함을 헤쳐 나갈 힘이 없어진다.

특별한 이유 없이, 왜인지는 모르겠으나 해야 할 것만 같은 기분에, 너도 나도 하니까 하는 영어공부라면 과감하게 접으라고 말한다. 영어를 못해도 먹고 사는 데 지장 없으니 말이다.

## 영어를 잘하면 세상의 기회가 많아진다

영어를 공부하는 이유는 저마다 다양하다. 내가 꼽는 가장 큰 이유는 영어를 잘하게 되면 세상의 기회도 그만큼 많아진다는 사실이다.

나는 영어와 한국어가 가능한 덕분에 회사 업무에서 한국 스텝과 해외 현지 스텝 사이의 브릿지 역할을 했다. 그 과정에서 다양한 문화를 접할 수 있었다. 조직 내에서 서로 다른 이국적인 문화와의 교류를 통해 업무를 진행하는 과정에서, 또한 하나의 조직문화를 만들어가는 데 있어 '언어'라는 장벽이 때로 얼마나 중요한지 몸소 체험할 수 있었다. 신출내기임에도 불구하고 '영어를 한다!'는 무기로 최고경영자 회의에도 배석할 수 있는 기회가 주어졌고, 그 과정에서 조직 운영의 큰 그림을 볼 수 있는 역량도 키울 수 있었다. 뿐만 아니라 조직을 떠나 새로운 일을 구상

할 때도 항상 더 많은 기회가 내 앞에 놓여 있었다. 사람들 앞에서 말하기 좋아하는 나의 특기와 영어를 살려 국제회의 영어 사회자로 활동할 수 있었다. 나아가 그로 인해 직장인이 아닌 또 다른 삶을 만끽할 수 있는 기회를 만들어냈다. 영어를 유창하게 하면서 더 이상 내가 사는 장소는 중요치 않게 되었다. 지금 나는 내가 진정으로 하고 싶은 기회가 주어지는 곳이라면 언제든 어느 곳으로든 과감하게 떠날 수 있다.

내가 아는 한 지인은 2008년에 무작정 태국 해외 봉사를 떠났다. 당시 그녀는 영어를 한마디도 하지 못했다. 다양한 국적의 사람들이 모인 그 곳에서 그녀는 영어를 한마디도 하지 못한 채 그저 웃기만을 반복하다 봉사고 뭐고 당장 한국으로 돌아가고 싶었다고 한다. 10년이 지난 2018년 4월 마인드풀니스 프로젝트Mindfulness Project에 참가하기 위해 다시 태국을 찾은 그녀는 10년 전의 자신과 사뭇 다른 모습을 마주했다. 그녀는 지난 10년의 시간 동안 아일랜드에서 영어 연수를 했고, 그 다음에는 영어가 조금 부족했지만 더욱 도전을 해 싱가포르에서 약 5년간 의료 컨설팅 분야에서 일을 하기도 했다.

그런 노력 끝에 그녀는 영어가 자유로워졌다. 그리고 그녀는 외국인들과 만난 프로젝트 현장에서 10년 전에는 느낄 수 없었던 끈끈한 유대감을 만끽하고 돌아왔다. 지금 그녀는 다니던 회사를 그만두고 인생 제

2막을 준비하고 있다. 그녀 역시 어디서 사느냐는 중요한 문제가 아니다. 기회가 있고 그녀가 잘 해낼 수 있다는 판단만 서면 언제든 그곳으로 떠날 준비가 되어 있다.

스리랑카 여행에서 만난 영국인 여성은 모국어에다 외국어를 하나 더 유창하게 함으로써 삶의 자유를 얻었다. 그녀는 세계 일주 여행을 하고 있었다. 궁금해서 내가 물었다.

"젊은 나이인데 세계 여행을 할 때 금전적인 부분은 어떻게 해결하고 있나요?"

그녀는 세계 일주를 하면서 번역 일을 틈틈이 한다고 했다. 영어와 이탈리아어를 번역하는데, 번역이라는 업무 자체가 정해진 시간에 사무실에 앉아 있을 필요가 없으니 가능한 일이었다. 특히 요즘은 어디를 가나 인터넷이 연결되어 있기 때문에 인터넷으로 일을 의뢰받고 정해진 날짜까지 전달해주기만 하면 되었다. 모국어에 다른 언어를 하나 더 한다는 것만으로 다른 사람들은 죽기 전에 꼭 해보고 싶은 버킷리스트 중의 하나인 세계 일주를 그녀는 젊은 나이에 벌써 실천하고 있었다.

영어를 잘하면 삶에 더 큰 자유가 온다

외국어로서의 영어. 그 영어를 한다는 것은 우리에게 많은 기회와 자유를 안겨 준다. 중요한 것은 우리가 가진 영어에 대한 관념을 바꾸는 것이다. 영어를 대학 입시를 위해 공부해야 하는 과목이 아닌, 취업에 필요한 토익 점수를 따는 것이 아닌, 내 삶을 좀 더 자유롭게, 내 삶에 더 많은 기회를 줄 수 있는 외국어의 수단으로 바라봐야 한다.

이 책은 우리나라 초·중·고등학교 과정 동안 최소한 6년 이상 영어 교육을 받고도 여전히 영어로 말을 하고 글을 쓰는 데 어려움이 있는 사람들을 위한 것이다. 그리고 학교를 졸업한 지 오래 되었음에도 불구하고 영어에 대한 한 줄기 끈을 놓지 않고 있는 바로 당신을 위해서다.

'지금이라도 영어공부 한 번 해보자!'

하지만 이 책은 단순한 영어 교재가 아니다. 나는 10여 년 이상 영국, 독일, 싱가포르에서 일하고 생활하면서 한국인의 영어와 외국인의 영어를 비교할 기회가 많았다. 우리나라 사람들만의 영어공부법에 어떤 문제가 있고, 어떤 부분에 좀 더 집중을 하면 영어를 쉽고 빠르게 그리고 자유자재로 구사할 수 있는지 많이 고민하고 또 분석도 했다. 이런 실질적 경험에서 우러나온 현실적인 조언을 담은 이 책이 많은 사람들에게 영어

(공부)를 다시 바라보게 되는 계기가 되길 바란다. 아울러 지금이라도 당장 새롭게 도전하여 자유롭게 영어를 구사할 수 있는 그 날을 만들어 가는 기회가 되기를 진심으로 기원한다.

영어, 어렵게만 생각하지 말자!
인생에서 가진 기회를 지금 가진 것보다 두 배로 만들고 싶다면….
영어, 지금부터 다시 시작하라!

# CONTENTS

ENGLISH **1장**

완벽한 영어공부법은 따로 있다

## 2장

### 재미있고 완벽하게 해내는 영어공부의 비밀

## 3장

### 생각하는 원어민 뇌를 만들어라

## 4장

### 영어할 수밖에 없는 완벽한 환경을 만들어라

## 5장

### 완벽한 영어를 만드는 8가지 영어공부법

# 1장

# 완벽한 영어공부법은 따로 있다

# 01 미소의 여왕,
## 어떻게 국제회의 영어사회자가 됐을까?

The people who get on in this world are the people
who get up and look for the circumstances they want,
and, if they can't find them, make them.
성공한 사람들은 일어나서 그들이 원하는 환경을 모색하고
이를 찾지 못하면 만들어내는 사람들이다.
— George Bernard Shaw 조지 버나드 쇼

### 원어민이 말을 걸면 웃기만 하던 미소의 여왕

나는 연세대학교 경제학과를 갑자기 그만두고 영국으로 떠나 셰필드 대학교에 진학했다. 미국으로 치면 아이비리그와 같은 영국 대학교의 러셀 그룹Russel Group에 속하는 학교다. 7명의 노벨상 수상자들이 이 학교를 다니거나 여기서 연구 활동을 했고, 의학, 정치, 건축, 토목, 공학 분야에서 세계적으로 유명하다. 그러거나 말거나, 많은 한국 사람들은 잘 모르는 대학교다.

"셰필드가 어디야?"

"요크셔 지방에 있는 곳인데, 맨체스터에서 차로 2시간가량 떨어진 거리에 있어."

"아하! 맨체스터! 맨체스터 유나이티드! 셰필드는 잘 모르겠어. 그런데 그 학교, 연세대를 그만두고 갈 정도야? 하버드도 아닌데…."

"…… 나…, 나 빵집을 해도 영국에서 하고 싶어!"


그랬다. 남들이 볼 때 나는 바보 같은 짓을 하고 있었다. 한국에서 남들이 부러워하는 학교에 입학했으니, 우선 학부를 졸업하고 석사 학위를 외국에서 따라는 조언을 많이 들었다. 트랙에서 벗어나지 말라고, 궤도에서 이탈하지 말라고 했다. 아니면 조금 더 인기가 있고 유망한 학과를 고르라고 했다. 공부를 마치고 돌아왔을 때 소속이 있어야 한다고 했다. 어떠한 도전이든 정규 트랙 안에서 하라는 조언들이 쏟아졌다. 내 모든 선택은 대세에서 벗어난, 철저히 아웃사이더적인 선택이었기 때문이다. 하지만 나는 아랑곳하지 않고 연대 정치학과 2학년 1학기를 마치고서 영국 유학을 선택했다.


내가 유학을 결심하게 된 계기는 존경하던 교수님의 말 한마디 때문이었다. 수시 전형으로 대학교에 입학했던 나는 입학식 전 겨울학기에 일부 교양과목을 먼저 들을 수 있었다. 이 때 선택했던 교양 과목이 '러시아 문화와 예술'이었다. 어쩌면 이때부터 나는 비주류적 기질을 드러내고 있었는지도 모른다. 대부분의 학생들은 당시 인기 있던 강의인 '프랑스 문화와 예술', '독일 문화와 예술' 등을 선택했다. 나는 인터넷에서 강의 평을 검색했다.

"'러시아 문화와 예술' 과목을 가르치시는 이상룡 교수님에게서는 커피 향기가 풍긴다."

나는 이 한 줄에 홀려 강의를 신청했다. 역시나 내 선택은 옳았다. 수업은 10명 안팎의 학생들이 교수님과 옹기종기 모여 앉아 매주 한 권의 러시아 문학을 읽은 후 소감 발표를 하고 토론을 하는 형식이었다.

'대학교 수업은 역시 다르구나.'

감동이 밀려왔다. 그렇게 겨울학기가 끝나고 마지막 수업 시간이었다. 교수님께서 말씀하셨다.

"여러분이 이번 학기에 나와 한 수업 형태는 아마 입학을 하면 거의 없을 것입니다. 대형 강의가 주를 이루고, 공부해야 할 교재도 과목당 두꺼운 책 한 권 정도일 겁니다. 그리고 교수와 함께 수업 내용을 가지고 소규모로 직접 토론할 기회는 학부 때 거의 없어요. 하지만 기억해두세요. 지구 반대편, 특히 미국이나 영국에서는 매주 읽어야 할 리딩 리스트 Reading List가 30개가 넘어요. 4년 후 졸업했을 때 가지고 있는 콘텐츠와 통찰의 깊이에는 엄청난 차이가 있을 겁니다. 그러니 학기가 시작한 후에도 교재만 읽지 말고, 시험 준비만 하지 말고 틈틈이 도서관에 가서 책을 많이 읽고 주변 친구들과 많이 토론하고 했으면 합니다."

그러나 나는 철저히 환경에 지배받는 신입생일 뿐이었다. 학기가 시작되자 주변 분위기에 그대로 흡수되었다. 공부는 시험 기간에만 했다. 꿈에 그리던 대학생활을 원 없이 즐겼다. 스펙 쌓기와 자기계발에 열중하는 요즘 대학생들의 생활과는 확연한 차이가 있었다. 그렇게 1년이 지났다. 그제야 남들 다 간다는 어학연수를 다녀오겠다고 마음먹었다. 그리곤 바로 캐나다로 향했다. 어학연수를 다녀온 사람들은 알 것이다.

'안 되는 영어, 까먹는 한국어, 끼어드는 일본어.'

솔직히 말해 나는 영어를 공부하러 갔다기보다는 '캐나다에서 한 번 살아보기'가 더 어울리는 생활을 했다. 캐나다의 로키 산맥을 비롯해 주요 관광지를 돌아다니고, 주변 국가들을 여행했다. 그렇게 캐나다 밴쿠버에서 6개월을 지내고 돌아와서 복학했다.

2학년 1학기 수업을 듣고 있는데 내 안에서 무언가가 속삭여대기 시작했다. 나는 어느새 입학하기 전의 겨울학기 수업을 그리워하고 있었다. 나에게는 마음이 시키는 일이라면 즉시 해버려야만 하는 무모한 과감함이 있었다.

'그래, 떠나자. 영국으로!'

미국은 남들이 다 가니까, 그리고 나는 총이 무서우니까, 영국으로 가자! 제대로 공부 한 번 해보자! 그렇게 나는 정규 트랙에서 과감하게 벗어났다. 그리고 아무런 미련 없이 떠났다. 영국으로.

영어에 자신이 있었냐고?

Never! 전혀! 나는 영국 히드로 공항에서 입국 수속절차를 밟을 때 이민국 직원이 프랑스어를 하는 줄 알았다. 게다가 한국에서는 미국식 영어만 배우니 영국식 영어는 내게 크나큰 충격이었다. 영어가 전혀 들리지 않았기 때문이다. 런던 시내에서 한국 관광객들이 하는 한국어는 100m 떨어진 곳에서도 내 귀에 쏙쏙 들렸지만, 바로 내 앞에서 주문 받는 웨이터의 영어는 한마디도 들리지 않았다. 초등학생 시절부터 원어민과 일대일 영어 과외를 했음에도 불구하고 실전에서 나는 벙어리가 되었다. 수능 공부를 위해 하루에 200개씩 외웠던 영어 단어는 하나도 입밖에 나오지 않았다. 게다가 영국 영어는 발음부터 너무 다르지 않은가! 나는 점점 미소의 여왕이 되어갔다. 영국인 상대가 앞에서 무슨 말을 해도 그저 웃기만 하는 미소의 여왕!

### 얼마나 공부하면 영어가 편해질까?

나는 언어를 배우는 데 최적화된 사람은 아니었다. 말을 많이 하는 것을 좋아하지도 않았고, 어떻게 해서든 내 의사를 모두 표현하고자 노력하는 성향도 아니었다. 그렇기 때문에 말이 통하지 않으면 그냥 넘어가는 스타일이었다. 다른 나라 언어를 빠르게 습득할 수 있는 성격이 아니었다. 한마디로 언어를 배우는 데는 '귀차니즘'을 타고났다. 그럼에도 불구하고 당장 영어로 10페이지가 넘는 에세이를 제출해야 했고, 2시간 동안 주어진 문제에 긴 논술 형식의 답안을 작성하는 시험을 봐야 했으며, 매주마다 10명 단위의 세미나에서 정치철학, 역사에 관한 토론을 해야 했다.

사서 고생한다는 말이 저절로 이해되었다. 그런데 그게 바로 나였다.

언어의 장벽 때문인지 몰라도, 정치학과에는 약 120여 명의 학생 중 나를 포함하여 단 5명만이 외국인 유학생이었다. 열심히 공부해서 국제정

치경제학자가 되겠다는 나의 꿈은 영어와 함께 애당초 무너졌다. 석사부터 유학을 했더라면 이루었을지도 모를 꿈인데 학부 때 유학을 와서 그런 건지도 모른다. 부럽게만 느껴졌던 리딩 리스트는 나를 힘들게 했다. 영어책 표지만 봐도 토가 나올 정도였다. 수석 졸업이라는 신화를 쓰고 싶었던 나의 소망은 그야말로 헛된 것이었다. 내 소원은 어느 순간 바뀌었다.

'졸업만 하자! 그런데 대체 언제 영어가 편해질 수 있을까…?'

### 미소의 여왕 국제회의 영어사회자가 되다

하지만 결국 나는 졸업했다. 그리고 영국과 독일을 다니며 유럽 주재 한국기업에서 일을 했다. 직원들의 90%가량이 다국적 외국인인 근무 환경에서 영어로 생활하면서 한국 문화와 외국 문화 사이의 다리 역할을 했고, 커뮤니케이션과 유럽 현지 마케팅 업무를 담당했다. 영국에서 6년 반, 독일에서 2년 반 정도의 생활을 접고 한국으로 돌아와서는 국제회의 영어사회자로 일을 했다. 외국인 앞에서 한마디도 못하던 미소의 여왕이 어떻게 영어사회자까지 할 수 있었을까?

영어 단어조차 제대로 몰랐던 내가 영국 대학을 졸업했다는 신화와 같은 비현실적인 이야기를 쏟아놓으려는 게 아니다. 한국에서 10년 이상 영어 교육을 받아도 당연한 결과인 '한마디도 못하는 영어'에 대해서 이야기하고 싶을 뿐이다. 간혹 원어민보다 더 많은 영어 단어를 알고 있음에도 불구하고 한마디도 못하는 영어!

사실 내 영어는 완벽하지 않다. 언어에 완벽함이 어디 있겠는가? 하지만 내가 가진 영어공부법만큼은 완벽하다고 자부한다. 이쯤 되면 궁금해지지 않는가?

전희정! 영어공부, 대체 어떻게 한 거야?

## 영국 대학교 입학은 어떻게?

영국의 대학교 학제는 우리나라와 조금 다르다. 가장 큰 차이로 대학교 학부 과정이 3년제라는 점을 들 수 있다. 영국의 대학교에서는 교양 과목이 없다. 그리고 전공의 개론 수업, 예를 들면 '정치학 개론', '경제학 개론', '심리학 개론'을 우리나라로 치면 고등학교 과정이라 볼 수 있는 A-level에서 배운다. 이 때문에, A-level을 마친 영국 학생은 한국의 대학교 1학년을 이수한 수준으로 볼 수 있다. 1학년부터 전공 심화 과정이 시작된다.

따라서 한국에서 고등학교를 마친 상태라면 바로 영국 대학교로 진학이 불가능하다. A-level 시험을 보든지, 한국의 대학교 1학년 과정과 유사한 파운데이션 코스Foundation Course 1년을 마쳐야 대학교 진학이 가능하다. 그렇지 않을 경우, 'A-Level' 시험을 치르거나 IBInternational Baccalaureate 성적이 있어야 대학교 진학이 가능하다.

대학교 원서 접수는 UCAS한국의 진학사와 유사를 통해서 일괄 진행되나, 옥스퍼드대University of Oxford와 케임브리지대University of Cambrdige는 별도의 입학 절차가 있다. 다만, 옥스퍼드대와 케임브리지대는 학부 과정의 경우 둘 중 하나만 지원이 가능하다.

　대학교 입학할 때, 외국에서 고등학교를 마쳤을 경우 일정 점수 이상의 영어 시험 점수를 요하며, 아이엘츠IELTS라는 영어 시험 점수를 요구한다. 각 학교별, 그리고 전공별로 요구하는 시험 점수가 다르다. 진학하고자 하는 대학교 홈페이지에서 꼭 확인하기 바란다.

　대학교 랭킹, 전공별 랭킹, 그리고 학생 만족도 관련 정보는 'Times Higher Educationwww.timeshighereducation.com'에서 확인할 수 있다.

# 02 독해만 잘한다고 영어가 되는 건 아니다

As long as we dare to dream and don't get in the way of ourselves,
anything is possible – there's truly no end to where our dreams can take us.
우리 스스로가 방해하지 않고 꿈을 꾸는 한,
모든 것이 가능하다. – 우리의 꿈이 데려가지 못할 곳은 없다.
– Hilary Swank 힐러리 스웽크

### 벼락치기 공부로는 완벽할 수 없다

나는 한국에서 대학 학부 2학년 1학기를 마쳤기에 파운데이션 코스 없이 바로 진학할 수 있었다. 생각했던 것보다 훨씬 더 어려운 여정이었다. 물론 겉으로는 잘 적응하는 척했다. 한국에 있는 친구들이나 선배들이 영국에 놀러올 때마다 나를 건드렸다.

"이제 그만하고 다시 한국으로 돌아오지!"

하지만 나는 버텼다. '일단 졸업은 하고 보자!'

영국의 대학교 수업은 한국과 상당히 달랐다. 첫 학기 때 1~2과목을 제외하고 모두 전공 관련 수업만 들을 수 있었다. 한 학기에 수강하는 과목 수는 생각보다 적었다. 한 학기에 총 3~4과목으로, 한국에서 6과목 이상을 수강했던 것과 비교하면 상당히 여유롭게 보였다. 하지만 오산이었다. 각 과목당 담당 교수의 강의가 일주일에 2번 정도 있다. 과목별로 10명 정도의 학생으로 구성된 세미나 조를 만들어주는데, 세미나는 교수 또는 조교수의 주재하에 매 강의가 끝나고 나면 1시간씩 세미나가 진행된다. 세미나는 강의 시간에 배운 내용을 바탕으로 토론을 하는 수업이었다. 강의 주제와 관련해서 리딩 리스트에 있는 논문, 기사, 책 등을 읽고 이를 중심으로 토론이 활발하게 벌어진다.

그런데 여기서 말을 하지 않는 학생은 수업에 대한 기여도가 없는 것으로 간주된다. 이는 곧 학점에 큰 영향을 미친다. 그래서 무슨 내용이든 말을 해야 한다. 말을 하려면 무엇이든 읽고 가야한다. 여기에 더해서 중간/기말 에세이우리로 치면 리포트를 제출해야 한다.

그리고 필기시험을 또 본다. 필기시험에서는 총 6문제가 주어진다. 그중 2문제를 내가 선택해서 답안을 작성하면 된다. 2문제의 답변을 작성하는데 주어지는 시간은 2시간이다. 1문제당 1시간씩 할애하여 에세이를 써야 한다. 답안지는 A4사이즈의 노트. 느린 나의 손 글씨 속도로 한 문제당 적어도 A4용지 4~5페이지는 작성하게 된다. 정답은 없다. 문제에 대한 자신의 명확한 입장을 논리적으로 펼치고, 이를 뒷받침해줄 만한 근거를 서술하는 형식이다. 그렇기 때문에 벼락치기가 통하지 않는다. 한 사안에 대해서 견해와 포지션이 분명해야 하고 관련 이론들을 모두 꿰고 있어야 한다. 상대 포지션을 논리적으로 비판하고 또 상대의 논리적 공격에 방어가 가능해야 한다. 그래야 좋은 점수가 나온다. 이는 결코 하루 전날, 또는 시험 보기 30분 전에 벼락치기로 공부한다고 해서 되는 문제가 아니었다.

**독해만 잘했지, 말하기도 문제, 쓰기도 문제!**

여기서 그치지 않았다. 중요한 건 일정 점수를 넘지 못하면 낙제하게 된다는 사실이었다. 한국으로 치면 F학점이다.

"그러면 다음 학기에 재수강하면 되는 거 아냐?"

전혀 아니다. 낙제를 하면 그 과목만 다음 학기 시작 전에 재시험을 봐야 한다. 만약 재시험에서도 일정 점수를 넘지 못하면, 다음 학기에 오직 낙제한 그 과목만 다시 들어야 한다. 그 다음 레벨의 전공 필수 과목은 듣지 못한다. 그리고 또 한 번 재시험의 기회가 주어진다. 이때도 일정 점수를 넘지 못하면 자신의 전공 학과에서 방출된다. 다시는 그 전공을 이수할 수 없다. 다른 전공을 찾아봐야 한다. 한 과목이라도 과락을 하면 안 된다. 100명 중 1~2명은 이런 식으로 전공을 옮겼다. 입학은 쉬워도 졸업은 어렵다는 말이 피부로 와닿았다.

나는 초반부터 헤맸다. 우선 공부하는 시간을 내가 자율적으로 정해야 하는 것에 익숙하지 않았다. 시스템 안에 자신을 놔두면 저절로 졸업이 되는 방식과는 거리가 멀었다. 과목별로 읽어야 할 책이며, 과제 등을 모두 제 시간에 제대로 해내기 위해서는 시간 관리가 필수였다. 한국의 객관식 문제와 단답형 주관식에 익숙했던지라, 첫 학기에 과목 하나에서 낙제 점수를 받고야 말았다. 그것도 나름 자신 있다고 생각했던 동아시아 관련 과목에서였다. 시험 답안을 작성하는 법을 전혀 몰랐던 것이다. 단답형 형태로 몇 자 끄적이고, '시간이 많이 남네.' 하고 나왔더니 결과는 어처구니없게도 낙제였다. 부랴부랴 영국인 친구에게 답안 작성법을 묻고 다시 공부해 다행히 재시험에서 통과했다. 가슴을 쓸어내렸다.

말은 물론이고 글쓰기도 문제였다. 독해만 잘한다고 해서 글이 써지지는 않는다. 영어 독해 문제집에 동그라미만 가득하다고 해서 영어가 되는 것이 아니었다. 어떻게 공부해야 할지 막막했다. 좀 늦게 가더라도 파운데이션 코스를 할 걸 그랬다는 뒤늦은 후회까지 밀려왔다. 나만 빼고 다른 한국인 유학생들은 너무도 잘 해내고 있는 것 같았다.

### 나라고 왜 못하겠어? '할 수 있다' 정신으로 무장하라

He can do, she can do, why not me!

He can do, she can do, why not me!

He can do, she can do, why not me!

그도 할 수 있고, 그녀도 할 수 있다, 그런데 왜 나라고 못해!

실리콘밸리에서 신화를 쓴 TYK그룹 김태연 회장이 직원들과 아침마다 외치는 말이다. 내가 그녀를 처음 본 건 10대 마지막 언저리 즈음이었던 것 같다. 당시 인기리에 방송하던 KBS의 〈글로벌 성공시대〉라는 프로그램에서 김태연 회장의 삶을 집중 조명했다.

1946년 경북 김천에서 태어난 그녀는 아들을 기대했던 집안에서 여자로 태어났고, 술주정이 심한 아버지로부터 학대를 받으며 자랐다. 아버지의 술주정과 폭력을 참지 못했던 남동생이 어느 날 아버지와 주먹다짐을 했고, 이 일이 결국 남동생에게는 지울 수 없는 상처가 되었다. 남동생은 끝내 목숨을 끊었다. 김태연 회장은 이후 1968년 미국으로 이민을 간다. 그녀의 불운은 그곳에서도 멈추지 않았다. 미국에서 키 작은 동양 여자라는 이유로 온갖 차별에 노출되었고, 미국인과 했던 결혼도 10년 만에 파경에 이른다. 그런 그녀가 미국에서 태권도를 가르치면서 삶에

"He can do, she can do, why not me!

변화를 맞이한다. 태권도를 통해 마약과 노숙으로 삶을 포기한 사람들을 일으켜 세워 새 삶을 살 수 있도록 도왔다. 이때 김태연 회장을 어머니처럼 따르던 사람들이 양자와 양녀가 되었고, 그녀는 총 6명의 아들과 3명의 딸을 가지게 된다. 이들을 데리고 1985년 실리콘밸리로 가서 벤처 사업을 시작한 그녀는 미국의 성공한 기업인으로 우뚝 서게 된다. TV에 나온 그녀의 집은 뒤뜰에 9홀짜리 골프장이 있었던 것으로 기억한다. 집 정문에서 10분 정도 차로 들어가야 집이 나왔다. 어린 나는 '집만 봐도 그녀가 어느 정도 성공한 사람인지 알 수 있겠다.' 하고 생각했다.

그녀는 아침마다 회사 직원들과 외쳤다.

"He can do, she can do, why not me!
He can do, she can do, why not me!
He can do, she can do, why not me!"

가슴에 확 꽂혔다. 이 말을 외칠 때면, 나도 무엇이든 할 수 있을 것 같았다. 힘들 때 'He can do, she can do, why not me!'라는 말을 되뇌면 눈물이 맺혔다. '캔 두 스피릿Can Do Spirit, 할 수 있다는 정신'으로 나를 무장했다. 유학 생활 내내.

# 03 지금까지 당신의 영어공부는 전부 잘못됐다

Failure is a signpost to turn you in another direction.
실패는 새로운 가능성을 일깨우는 표지판이다.
– Oprah Winfrey 오프라 윈프리

**잘못된 영어공부 방법은 모두 버려라**

아잔 브라흐마의 저서 『술 취한 코끼리 길들이기』에 칠리를 먹는 한 남자의 이야기가 나온다. 그 남자는 시장 한구석에 앉아 세상에서 가장 매운 인도산 칠리를 하나씩 먹고 있었다. 너무 매워서 얼굴이 붉어졌고, 눈에는 눈물이 가득했다. 지나가던 한 사람이 고통스러워하면서 칠리를 먹고 있는 이유를 물었다. 그 남자는 대답했다.

"혹시 단맛이 나는 칠리가 있을지도 모르잖소."

저녁이 되어서도 그 남자는 그 자리에서 계속 칠리를 먹고 있었다. 그래서 근처 가게 주인이 아직까지 단맛이 나지 않는 걸 보면 단 맛이 나는 칠리는 없는 것 같은데, 왜 자꾸 먹느냐고 물었다. 그가 대답했다.

"지금까지 힘들게 참고 먹어왔는데, 이제 와서 포기할 순 없지 않소? 지금 포기한다면 여기에 바친 내 시간들이 얼마나 아깝고 무의미하겠소? 이제 이것은 희망의 문제가 아니라 내 존재의 문제가 되었소."

혹시 당신에게도 영어공부가 '영어를 곧 잘할 수 있다.'는 희망의 문제가 아니라 '영어공부를 한다.'는 존재의 문제가 되지는 않았는가? 대부분의 사람들은 말 한마디 못하는 영어가 '언젠가는 되겠지.'라는 생각과 함께 지금까지 해온 게 아까워서 영어를 접지도 못하고 붙잡고 있다. 10년을 넘게 공부했는데도 영어로 된 책을 읽는 데 익숙하지 않고, 영어로 말하기가 어렵다.

그럼 대체 왜 그런 걸까? 이유는 간단하다. 잘못된 방법으로 공부하고 있기 때문이다. 버릴 때는 버려야 한다. 과감하게 지금까지 한 잘못된 영어공부 방법을 모두 버려라. 그리고 새롭게 다시 시작하라. 새로우면서 제대로 된 영어공부법이 훨씬 더 빨리 영어를 정복하게 해줄 것이다.

나는 그동안 영어공부를 열심히 하는 주변 사람들을 보면서, 잘못된 영어공부 습관 3가지를 발견할 수 있었다.

### ① 쓰지도 않을 단어는 외우지 마라

첫 번째는 '공부 따로, 실전 따로'인 영어공부다. 즉 실전에 쓰이는 영어가 아니라 죽은 영어를 몇 년 동안이나 붙잡고 공부하는 것이다. 그 예로 단어 공부를 들 수 있다. 아마도 외우다외우다 더 이상 외울 단어가 없을 만큼 외웠을 것이다. 그래서 외운 단어가 무엇인가?

philanthropy

'박애주의'라는 뜻을 가진 단어다. 당신은 이 말을 생활하면서 얼마나 많이 쓰는가? 지난 한 주를 떠올려보자. 지난 한 주 동안 나눴던 대화들을 되뇌어보라. '박애주의'라는 단어를 사용한 적이 있는가? 영어로 대화할 때 수준 높은 단어를 사용했다고 누가 높은 점수를 주지 않는다. 영어로 대화하는 상황은 시험장이 아니다. 영어는 말 그대로 소통의 도구다. 쓰지도 않을 단어는 이제 그만 외우자.

② 응용도 못할 표현은 던져버려라

두 번째 잘못된 습관은 영어 표현을 통째로 외우려고 하는 것이다. 물론 영어를 배우는 초급 단계에서는 일부 필요하다. 하지만 성인이 되어서 언어를 배울 때, 무언가를 외우면 그 틀 안에 갇혀버리는 경우가 종종 있다. 흔히 농담으로 많이 하는 유명한 일화가 있다.

미국에 이제 막 여행을 온 한 한국인이 길을 걷다가 교통사고를 당했다. 피를 흘리며 쓰러진 한국인을 향해 미국인 운전자가 놀라 뛰쳐나오면서 그에게 말했다.

"How are you?" 괜찮아요?

일반적으로 '어떻게 지내?'로 사용하지만, 괜찮은지 상대에게 물을 때 쓰기도 한다. 교통사고를 당한 한국인은 이렇게 대답했다고 한다.

"I am fine, thank you. And you?"
잘 지내요, 감사합니다. 당신은요?

전형적인 교과서 답안이다. 주입식 영어 교육을 비꼬기 위한 농담이지만, 결코 간과해서는 안 될 이야기다. 암기식으로 표현을 무조건 외우면,

그 상황이 되어도 절대 문장이 떠오르지 않는다. 설령 문장이 얼핏 떠올랐더라도 외운 문장 중 단어 하나만이라도 생각나지 않으면 입밖에 나오지 않는다. 더욱이 언어가 가지는 미묘한 의미 차이를 알 수도, 표현할수도 없다. 그래서 종종 실례를 범하기도 한다. 말을 만드는 방법을 배워야 하는 이유다.

영어공부는 자전거 타기와 비슷하다. 한 번 '레벨 업'이 되어서 자유자재로 말을 만들면서 구사하게 된 영어는 한동안 사용하지 못하더라도 다시 그 레벨까지 쉽게 올라갈 수 있다. 자전거 타는 방법을 한번 배우면몇 년 동안 타지 않더라도 금세 다시 탈 수 있는 것처럼 말이다. 단기간에 집중적으로 영어를 구사하는 방법을 제대로 공부해서 레벨 업을 시켜야 한다.

③ 눈과 손으로만 하지 말고 입으로 하라

마지막으로 영어공부를 할 때 잘못된 습관 중 하나는 배운 단어를 입으로 사용하지 않는 것이다. 한국에 있는데 어디에서 영어를 사용하냐고하면서, 대다수의 사람들은 영어를 눈과 손으로만 공부한다. 나는 이들에게 말한다.

"혼자서라도 중얼거리세요!"

혼자서라도 중얼거리세요!

내가 아는 한 친구는 혼자서 롤 플레이를 한다. 자신이 인터뷰어가 되어서 유명한 연예인을 인터뷰한다고 생각하고 질문하고 또 답한다. 모르는 사람들이 보면 약간 정신이 나간 것 같다. 그러나 내가 영어공부를 잘하겠다는데 남들의 시선 따위가 뭐가 문제가 될까?

영어는 '말'이다. 그래서 배운 단어나 표현을 입으로 내뱉지 않으면 잊어버릴 수밖에 없다. 고등학교 때, 반 친구 중 하나가 칠레에서 태어나고 8살 때까지 살았다. 그런데도 스페인어를 잘하지 못했다. 왜? 한국에서 스페인어를 쓸 기회가 없어서 다 잊어먹은 것이다. 배운 단어나 표현은 쓰지 않으면 잊어버린다. 어린 나이에 다녀와서도 잊어먹는 외국어인데, 어른이 되어서 공부하면서 쓰지 않으면 당연히 머릿속에 남아 있지 않게 된다.

### 언제까지 챕터 1만을 반복할 생각인가?

이제 잠시 자신의 영어공부법을 생각해보자. 위 습관 중 하나라도 있다면, 이제는 바꿔야 한다. 위와 같은 습관이 없더라도 영어 실력이 제자리라면, 지금까지의 영어공부법을 버려야 한다. 과감하게 바꾸고 버려야 한다. 그렇지 않으면 '무한루프'에 빠지게 될 것이다.

'무한루프'를 아는가? 네이버 지식백과 사전에 의하면 '무한루프'란 '프로그램이 어떤 처리 루틴을 반복 실행하여 그 부분에서 벗어나지 못하고 있는 상태'를 말한다. 어디서 많이 본 광경 아닌가? 우리가 하는 영어공부가 바로 이 '무한루프'에 종종 빠지곤 한다. 성인 영어 회화 학원의 성수기는 1월과 9월이라고 한다. 새해가 시작되는 1월에 우르르 몰려든다.

"이번에는 꼭 영어를 해야지!"
"이번 휴가 시즌에는 해외여행가서 꼭 영어로 외국인과 대화해야지!"

하지만 새해 목표는 대부분 작심삼일로 끝나고 흐지부지 시간을 보내다 여름휴가까지 다녀온다. 회사에서 다음 해 사업 계획을 작성하면서 실감한다.

"헉! 벌써 1년이 다 지나가다니…. 내년이 오기 전에, 올해가 가기 전에 꼭!"

다시 새해가 온다. 그리고 또 반복한다. 다음 레벨로 올라가지 못하고, 매번 영어책 챕터 1에 머물러 있다. 인사하기, 자기소개하기. 무한루프에 빠진 것이다. 매년 새해마다 '영어 정복, 영어 마스터하기'를 목표로 쓴다. 영어 회화 새벽반도 등록한다.

〈챕터 1. 인사하기, 자기소개하기.〉


　며칠 후, 야근이다 출장이다, 자꾸 다른 중요한 일들이 생겨난다. 이렇게 무한 반복한다. 그리고 항상 같은 자리인 챕터 1에 머물러 있다. 하지만 언제까지 챕터 1만 반복할 생각인가? 영어라는 단어만 들어도 질려버리게 되고, 친해져야 할 영어는 점점 더 멀어지기만 한다.


　이제 그만하자. 안 되는 영어공부, 제발 좀 끝내자!

## 비즈니스 석상에서의 자기소개

기본적인 소개

Hello. My name is Angelina Jolie. I am Marketing Manager at ABC Company.

안녕하세요. 제 이름은 안젤리나 졸리입니다. ABC 사의 마케팅 매니저입니다.

Hello. My name is Angelina Jolie. I am from ABC Company, in charge of Marketing.

안녕하세요. 제 이름은 안젤리나 졸리입니다. ABC 사에서 왔고, 마케팅을 담당하고 있습니다.

회사 관련 질문에의 대답

소개를 마치면, 그 회사에서 얼마나 일했냐는 질문을 많이 한다. 이렇게 해보면 어떨까?

A: How long have you been working for ABC Company?

ABC 사에서 얼마나 일하셨나요?

B: I have been working for 10 years.

10년 동안 일하고 있어요.


## 회의가 끝난 후 인사

회의가 끝나고 '만나서 반가웠어요.'라는 표현은 어떻게 할까?


"It was nice meeting you (today / yesterday / on 31. May)."

오늘 / 어제 / 5월 31일에 만나서 반가웠어요.

# 04 영어 실력은 어느 순간 폭발한다

**이렇게 많이 공부하는데 왜 영어가 늘지 않을까?**

첫 세미나 시간부터 나는 말 그대로 '멘붕'에 빠졌다. 10명의 학생들이 교수님과 함께 둘러앉았다. 영어를 모국어로 하지 않는 학생은 나 하나였다. 강의 시간에 배웠던 이론들을 바탕으로 격의 없이 토론이 진행되었다. 자신이 어떤 이론을 지지하는지, 그리고 그 이론을 뒷받침할 만한 사례는 무엇이 있는지 서로 이야기했다. 교수님은 가르치는 입장이 아니었다. 철저하게 듣고, 토론의 방향을 짚어주는 정도의 역할을 하셨다.

내가 끼어들 틈은 없었다. 한 친구가 말을 하면 바로 받아칠 수 있어야 하는데, 말을 머릿속으로 해석하기에 바빴다. 해석하다 보면 또 다른 학생이 말을 하고, 그 말을 이해하려고 하다 보면 금세 주제는 바뀌어 있었다. 내 생각을 정리할 시간조차 없었다. 결국 한 시간 동안 내가 한 말은, 자기소개가 전부였다. 아무 말도 하지 않으면 좋은 학점은 기대할 수 없다. 수업에 참여할 수 있을 만큼의 영어 실력을 갖추지 못한 나는 스스로 위축되었다.

한국에서 그렇게 부러워했던 리딩 리스트는 부담만 됐다. 매주 단위로 나오는 강의 주제와 관련된 책, 기사, 논문 등 읽어야 할 리스트를 볼 때마다 한숨이 나왔다.

'이걸 또 언제 다 읽나……!'

처음에는 문장 하나에 모르는 단어가 나올 때마다 사전을 찾았다. 사전을 찾아서 다시 읽고, 또 읽고. 그렇게 했더니 20개의 리스트 중 하나 정도 겨우 읽을까 말까 했다. 한 학기에 3과목을 듣고 있었으니, 1주일에 세미나도 3개, 그에 따른 리딩 리스트는 최소 60개 이상이었다. 세미나에서 토론을 하고 못하고의 문제가 아니라 수업 준비조차 하기 어려울 지경이었다.

몸이 조금이라도 피곤하면 영어로 말하기가 거의 불가능했다. 피곤한 날에는 가게 직원에게 무의식적으로 한국어를 한 적도 있었다. 이렇게 많이 읽고, 듣고 공부하는데 왜 영어가 늘지 않을까? 걱정이 되었다. 부정적인 생각마저 자꾸 떠올랐다.

'나는 선천적으로 외국어 습득 능력이 남들에 비해 조금 떨어지는 것이 아닐까?'

### 영어 실력은 어느 날 갑자기 향상된다

그래서 그냥 무작정 읽어나갔다. 모르는 단어가 나오더라도 넘어가자. 계속 읽어나가자. 이렇게 하다 보니 하나의 주제에서 반복되는 단어들이 나오고, 내용 안에서 단어가 무슨 뜻인지 알게 되는 경우가 많았다. 여러 번 반복되는데 전혀 감을 잡지 못하는 단어만 사전을 펼쳐서 찾아보았다. 책을 읽는 속도는 빨라졌고, 내용 전체에 대해서도 이해가 되기 시작했다.

그럼에도 불구하고 영어가 쉽사리 늘지 않았다. 그렇게 겨우 한 학기를 마쳤다. 학기가 끝나자, 영국에 있는 것조차 싫었다. 얼른 한국행 비행기에 몸을 실었다. 한국에 돌아온 나는 영어 책을 들여다보지도, 영어를 듣지도 않았다. 한국어로 된 소설책을 읽었고, 친구들을 만나 수다를

떨었다. 한 달여 정도 영어와 상관없이 지냈다. 마음 한편에서는 걱정이 되기도 했다. 이러다 그나마 빨리 읽기 시작한 책조차 제대로 못 읽게 되면 어쩌지? 가면 다시 하나도 안 들리는 것은 아닐까? 그래도 영어는 당분간 보고 싶지 않았다.

다음 학기 수업을 위해 영국으로 다시 돌아왔다. 놀랍게도, 한 달간 영어 한마디 사용하지 않았었는데, 내 영어 실력이 확 늘어 있었다. 긴 문장 구사도 가능해졌고, 듣는 것도 한결 편안해졌다. 신기했다. 한 달간 아무것도 하지 않았는데, 영어가 늘다니…. 늘지 않고 항상 제자리였던 영어 실력이 어느 날 갑자기 향상되어 있다니! 외계인이라도 접선하고 온 것 같은 기분이었다.

### 포기하지 않는 이상, 실력 향상은 절대 멈추지 않는다

영어가 그렇다. 내가 투자한 시간만큼 정비례해서 실력이 늘지 않는다. 영어공부에서 시간과 실력 간의 상관관계를 그래프로 그리면 계단식 그래프와 같은 모양을 나타낸다. 티핑 포인트Tipping Point는 영어공부에서도 존재한다. 눈에 띄지 않을 만큼 서서히 진행되다 어느 한순간에 폭발적으로 늘어나는 지점이 있다. 이 티핑 포인트를 만나기 전까지는 어제의 영어 실력이 오늘의 영어 실력 같고, 오늘의 영어 실력이 내일의 영어 실력처럼 느껴진다.

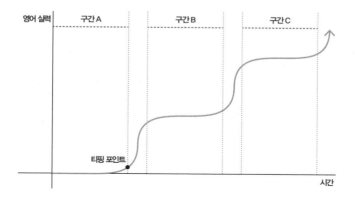

공부하는 만큼, 시간을 투자한 만큼 매일 눈에 띄게 향상되는 것이 아니라 백날 제자리에 서 있는 것 같은 기분이 든다. 그래서 많은 사람들이 포기한다.

"여기까지인가, 나는 더는 안 되나!"

하지만, 꼭 기억하기 바란다. 티핑 포인트에 가기까지 하루만 더 버텨라. 그리고 또 하루만 더 버텨라. 그리고 또 하루만 더! 그 시간이 지나면 결코 이해되지 않던 문장이 눈에 들어오고, 절대 구사할 수 없을 것 같던 문장이 입에서 나올 것이다. 이젠 신이 날 지경이다. 주변에서도 느낀다. 이런 말을 듣게 된다.

'오, 영어가 많이 늘었는데!'

물론 그 뒤에 또 다시 표에서처럼 구간 B를 만나게 된다. 해도 해도 더 이상은 늘지 않고, 오히려 실력이 떨어지는 것 같은 기분이 드는 구간이다. 그러면 또 다시 하루를 버티고, 하루를 버텨내라. 그렇게 버티다 보면 또 갑자기 구간 C에 올라와 있는 자신의 영어 실력을 보게 될 것이다.

### 영어 실력은 어느 순간 갑자기 폭발한다

100도씨가 되기 전까지 물은 좀처럼 끓어오르지 않는다. 99도씨가 되어도 끓어오르지 않는다. 100도씨가 되었을 때 갑자기 확 끓어오른다. 그것을 참지 못하고 99도씨에서 불을 꺼버리면, 물은 영원히 끓지 않는다.

영어도 마찬가지다. 영어를 공부한다는 것은 끝이 없는 싸움과도 같다. 얼마나 더 해야 하는지, 얼마만큼 해야 이제 그만할 때가 된 것인지 가늠할 수 없다. 그래서 오늘도 그저 열심히 한다. 매일 영어를 듣는데 좀처럼 들리지 않는다. 다음 날이 되어도 제자리인 것 같다. 그래도 들어야 한다. 꾸준하게 매일 조금씩이라도 들어야 한다. 매일 하루에 뉴스 하나씩 듣고, 출퇴근 하며 오가는 지하철에서 팝송을 듣거나 미국 드라마를 보고, 틈이 날 때마다 스탠딩 코미디를 찾아서 보면 된다. 재미있게 매일 지속적으로 듣는다면, 결국 들린다. 분명히 들린다.

어느 순간 갑자기 귀가 뚫린다. 마법처럼 그렇게 귀가 열린다!

어느 순간 갑자기 귀가 뚫린다. 마법처럼 그렇게 귀가 열린다!

그리고 틈틈이 단어를 공부해야 한다. 뉴스를 들었다면 스크립트를 한 번 훑어보면서 꼭 찾아보고 싶은 단어를 10개만 골라서 뜻을 찾고 공부하라. 한 분야의 뉴스를 한 달만 접해보면, 반복적으로 등장하는 단어들이 있다. 그 단어들은 뉴스를 듣는 것만으로 반복적으로 학습이 된다. 그러면 그 분야의 뉴스를 들을 때에는 아는 단어들이 들리기 시작하면서 귀가 열릴 것이다.

실력이 눈에 보이지 않는다고 해서 멈춰 있는 것이 아니다. 당신의 뇌는 하루도 쉬지 않고 영어를 습득하고 있다. 단지 우리가 멈춰 있는 것처럼 느낄 뿐이다. 실력이 멈추는 때는 당신이 영어를 포기하는 순간이다. 포기하지 않는 이상, 실력 향상은 절대 멈추지 않는다. 끈기 있게 도전하면 이룰 수 있다.

## 재능을 핑계로 게으름 피우지 마라

언어에 대해 재능을 이야기하는 사람들도 종종 볼 수 있다. 언어가 타고나는 것이라고 말하는 이들이다. 타고난 언어 능력이 뛰어나면 외국어 습득 능력도 뛰어나다고 본다. 그러면서 자신은 언어 능력이 탁월하지 않아 영어를 잘 못한다고 한다. 내가 듣기에는 타고난 재능을 핑계로 자신의 게으름을 감추려 하는 것으로 밖에 보이지 않는다.

우리에게 '향상심'을 늘 강조한 니체는 이렇게 말했다.
"천재를 마법적인 존재로 생각하는 것은 우리 자신과 비교할 때 우리의 부족함을 느끼지 않아도 되기 때문이다."

게으른 스스로를 정당화하기 위해서 천재를 타고난 재능을 가진 사람으로 치부해버리고, 타고난 재능은 일반인인 우리가 평생을 노력해도 좇아가기 어렵다고 단정한다. 그리고 발전하기를 거부한다.

'나는 재능이 없으니까, 못해!'
이 얼마나 어리석은 생각이란 말인가?

# 05 절실함이 없으면 완벽한 영어는 없다

### 독일에서 2년 반을 살아도 독일어를 못하는 이유

영어를 잘하려면 절실함과 간절함이 반드시 필요하다. 시험 점수만을 바란다면 감히 말하건대 한국에 있는 족집게 학원을 가는 것이 지름길이다. 우습게 들릴 수도 있겠지만 유학생 중에서 GRE나 GMAT을 공부하기 위해서 방학을 이용해 한국을 방문하기도 한다. 왜냐하면 한국에 있는 학원들이 정답 찾는 방법을 단기간에 콕콕 집어서 잘 가르쳐주기 때문이다.

하지만 영어로 내 생각을 자유롭게 표현하고, 글로 쓰고 또 소통하기를 원한다면 절실해져야 한다. 스스로 환경을 만들어내야 한다. 이 환경은 그 나라에 있다고 저절로 만들어지는 것도 아니며, 한국에 있다고 해서 만들 수 없는 일도 아니다. 영어에 대한 목표를 명확하게 설정하고 절실함을 불어 넣으면 열정이 생긴다. 그 열정이 실천력을 불러오고 지금 당장 영어에 뛰어 들게 만든다. 무엇이든 영어로 말하고 싶어지고, 무엇이든 영어로 보고 싶고, 듣고 싶어진다. 유창한 영어는 절실함이 이루어내는 결실이다.

나는 프랑스어에 관심이 많다. 대신 독일어에는 관심이 없다. 독일어는 하고 싶은 생각도, 잘하고 싶은 마음도 없다. 그래서 고백하건대 독일에서 2년 반 가량을 살았지만, 할 수 있는 독일어는 인사 정도다. 그것도 아주 간단한 인사.

"Guten tag!" 안녕하세요!
"Danke." 고맙습니다.
"Bitte." 죄송합니다.
"Sehr gut." 아주 좋아요.

이 정도는 독일에 처음 가는 여행객이 비행기 안에서 10분 만에도 습득할 수 있는 수준이다. 결국 독일에서 2년 반을 살았던 나의 독일어 실력은 상대가 하는 말이 독일어인지 아닌지를 구분하는 정도다. 간간이 자주 반복적으로 들려오는 단어, 의성어 정도를 알 수 있을 뿐이다. 그 외에는 상황의 맥락 안에서 이해할 뿐, 정확하게 어떤 이야기가 오고 가는지 모른다.

독일에서 산다는 것은 독일어를 배울 수 있는 최적의 환경이다. 2년 반이라는 시간은 결코 언어를 배우는 데 있어 짧지 않은 시간이다. 그럼에도 불구하고 나는 독일어를 못한다. 왜? 독일어를 배우고 싶은 간절함이 없었기 때문이다. 독일 사람들과의 교류는 회사 내 직원들로 한정되어 있었다. 직원들 모두 영어가 가능했다. 회사 밖에서도 독일어를 잘할 필요성을 느끼지 못했다. 영어를 못하는 독일 사람들도 인내심을 가지고 나에게 응해주었다. 독일 문화에 대한 관심도 크지 않았다. 집에 있는 TV는 2년 반 동안 한 번도 켜보지 않았고, 인터넷으로 한국 드라마, 예능 프로를 챙겨보았다. 그 결과 나는 독일에서 살았음에도 불구하고 독일어를 하지 못한다. 전혀 못한다고 해도 과언이 아니다.

### 간절함은 분명한 목표에서 만들어진다

결국 간절함이다. 다시 한 번 말하지만, 영어를 잘하는 것은 내가 영어권에 살고 안 살고의 문제가 아니다. 그렇다면 간절함은 어떻게 만들어질 수 있을까?

결국 간절함이다.
다시 한 번 말하지만, 영어를 잘하는 것은
내가 영어권에 살고 안 살고의 문제가 아니다.

목표가 분명하게 서야 한다. 그리고 그 목표를 꼭 이루고 싶은 마음이 있어야 한다. 이 두 가지가 결핍되어 있기 때문에 많은 사람들이 영어공부를 질질 끌기만 할 뿐, 학원과의 이별을 선언하지 못하는 것이다.

목표를 잡는 것도 쉬운 일은 아니다. 목표를 시험 점수로 책정하면 결국 다시 학원에 가서 고득점을 받는 비법을 받아오는 일이 반복된다. 그렇다고 목표를 "다음 번 휴가지에서 외국인과 자유롭게 영어로 대화 나누기"라고 설정한들, 이 또한 해도 그만 안 해도 그만이기 십상이다. 그리고 그 '자유롭게'라는 기준도 모호하다.

그래서 곰곰이 생각해보았다. 내가 영어가 확 늘었을 때를. 생각해보니 학창시절 영어 말하기 대회가 늘 계기가 되었다. 일정한 날짜가 정해지고, 그 기간 내에 원고를 작성하고, 영어 원고 내용을 검수 받고 이를 바탕으로 말하기 대회에 참가했을 때였다.

### 3개월 후, 죽이 되든 밥이 되든 영어로 프레젠테이션을 하자

영어를 정말 잘하고 싶은데 목표 설정이 쉽지 않다면, 목표를 이렇게 설정해보라.

"3개월 후, 사람들 앞에서 5분간 영어로 프레젠테이션을 하고 질의응답 받기. 주제는 자유!"

대회에 나가는 것이 아니라면, 청중과 장소의 문제에 부딪칠 수 있다. 하지만 지금이 어떤 세상인가? 인터넷 라이브 채널을 통해서 같은 장소에 있지 않은 많은 사람들과도 실시간으로 대화할 수 있는 세상이다. 주제를 정한 다음 3개월 후, 라이브 채널을 통해 영어 프레젠테이션을 하고, 이후 영어로 질문을 받고 답변해보자.

우선 1차 목표를 이렇게 정하고 영어를 배우기 시작하면, 목표 없이 영어를 배울 때와는 더 많은 것들이 눈에 들어올 것이다. 혹시 3개월 후에 준비가 덜 되었다는 이유로 안 할 수도 있으니, 꼭 지인들에게 3개월 후 날짜를 못 박아두자. 그래서 3개월 후, 죽이 되든 밥이 되든 5분간 사람들 앞에서 영어로 프레젠테이션을 하는 것이다.

이제 뚜렷한 목표가 생겼는가? 그렇다면 이제부터 관련 주제를 정하고, 주제 관련 영어를 깊이 파고들면 된다. 주제 관련 영어 단어부터 뉴스나 신문기사를 보고, 칼럼이나 책을 찾아서 공부하자.

잠시 눈을 감아보라. 3개월 후에 사람들 앞에서 멋지게 영어로 프레젠테이션을 할 자신의 모습을 상상해보는 것이다. 프레젠테이션이 끝난 후, 사람들의 질문을 받고 자유롭게 답변을 하는 자신의 모습을 상상해보라. 마음이 설렌다면, 이미 당신은 성공적인 영어 프레젠테이션을 이

룬 셈이다. 설레는 마음이 목표를 이루고자 하는 간절함에 열정을 끌어다 줄 것이다.

어떤 일에서든 성공의 비결은 일을 성취하고자 하는 간절함이다. 언어라고 해서 다르지 않다. 특히 내일 당장 영어를 하지 못해도 죽지 않는 상황이라면 더더욱 그렇다. 그래서 많은 사람들이 영어 회화 새벽반을 등록하고도 가지 않는 것이다. 간절해야 한다. 그러기 위해서는 목표가 뚜렷해야 한다. 내가 반드시 언제까지 무엇을 꼭 이루어내겠다는 목표 말이다.

## 영어를 잘하려면 한국을 떠야 할까요?

"영어를 잘하려면 그 나라에 가서 사는 게 정답 아닌가요?"

아니다! 영어권 나라에 가서 살면 영어를 접할 기회가 많은 것은 사실이다. 하지만, 그렇다고 정답은 아니다. 왜? 실제 영어권 나라에 가서 유학을 하든, 어학연수를 하든, 한국에서 태어나서 자란 사람 중 한국의 모든 것을 끊고 생활할 만큼 독한 사람은 드물다. 물론 간혹 이런 분들은 있었다. 한국인인 것을 알고 반가워서 말을 걸었다.

"어머, 한국인이세요?"
"저 여기 영어 배우러 왔어요. 영어로 말해주셨으면 해요."

이런 분들은 존중해준다. 하지만 오랜 시간 해외에 있으면, 음식부터 사람까지 모든 것이 그리워진다. 내가 아는 분은 정말 독하게 마음먹고 미국 시골 오지 마을로 어학연수를 갔다. 그곳에 한국인이 없을 거라고 생각하고 갔는데 한 명이 있더란다. 그 사람도 같은 생각으로 오지 마을로 어학연수 왔단다. 첫 한 주는 서먹서먹하게 서로 거리를 두며 처음 마음먹었던 '오직 영어!'를 외쳤단다. 하지만 시골 마을이라 동네에 사람 자체가 많이 살고 있지 않았다고 한다. 그러니 곧 사람이 그리워졌단다. 그리고 둘은 매우 친한 친구가 되어 매일 같이 붙어 다니며, 그곳에 사는 동안 한국어만 했다고 한다. 생각보다 상당히 흔한 일이다.

심지어 어떤 사람들은 한국 드라마를 한국에서보다 해외에서 더 꼬박꼬박 챙겨 본다. 2000년대 초반에는 지금처럼 스트리밍 서비스가 없어서 한국 드라마를 볼 수 있는 방법은 한인 타운에 가서 녹화한 비디오테이프를 빌려다 보는 방법밖에 없었다. 그 후 CD로 진화하더니 최근 내가 싱가포르에서 생활할 때는 실시간으로 한국 드라마를 스트리밍해볼 수 있었다.

영어를 잘하고 싶다고 영어권에 사는 것이 결코 정답은 아니다.

# 06 영어는 인생을 바꾸는 출발점이다

You must be the change you wish to see in the world.
세상을 변화시키고 싶다면 당신부터 변화된 삶을 살아라.
– Mahatma Gandhi 마하트마 간디

## 영어는 전 세계와의 소통을 가능하게 한다

대학교 입시도 끝났다. 회사도 입사했다. 어디에 내놔도 인정받을 수 있는 토익 점수도 있다. 물론 2년마다 성적을 다시 갱신해야 하지만 그 정도 실력은 충분하다. 그런데 왜 또 영어를 배워야 할까? 시험을 위한 것이 아닌 영어를 공부해야 하는 이유가 도대체 무엇인가?

우리는 이미 세계 속에서 다른 나라와 어우러져 살고 있다. 다른 나라에서 우리나라의 문화에 열광하기도 하고, 우리가 다른 나라의 문화에 빠지기도 한다. 소셜 미디어는 세계를 하나로 만드는 데 크게 기여했다. 싸이의 〈강남스타일〉이 전 세계를 뒤흔들 수 있었던 것도 유튜브라는 소셜 미디어를 통해서였다. 내가 어제 올린 우리 집 강아지 사진에 한 번도 만난 적 없는 스페인에 사는 '루시아'라는 여성이 하트를 누른다. 그리고 메시지도 남긴다. 'Sooooooo cute!' 영어로 말이다.

　미국의 패권이 저물어간다고 한다. 이미 중국이 그 패권을 가져갔다고 급진적으로 보는 시각도 존재한다. 그럼에도 불구하고 영어는 글로벌 언어로서 아직까지 건재하다. 중국이 아닌 장소에서 중국인을 만났을 때, 내가 한국인이라고 하면 대부분의 중국인은 영어로 말을 걸어온다.

　한국어도 영어도 아닌 제3의 언어를 사용하는 국가에 여행을 가서도 통용되는 언어는 영어다. 서로가 못 알아들으면 손짓, 발짓을 하면서 간간이 사용하는 단어들은 모두 영어다. 이렇다 보니 간혹 우스갯소리로 영국인 친구들이나 미국인 친구들이 말한다.

　"영어가 어디에서도 통하다 보니 외국어를 배우는 데 게을러진다!"

　내가 유럽에서 일을 할 때도 총 6개 국가, 즉 영국, 스페인, 스웨덴, 이탈리아, 독일, 벨기에에 있는 지사를 관할하는 총괄 법인이 독일에 위치

했었지만 업무상 공식 언어는 영어였다. 그리고 아시아 지역 대표실에서 일을 할 때에도 8개 국가를 총괄하는 업무에서 공식 언어는 영어였다. 세계의 공용어로서 영어의 위치는 당분간 쉽게 바뀌지 않을 것이다. 세계와 호흡하기 위해, 전 세계 사람들과 소통하기 위해서 영어는 필수다.

### 영어는 영향력의 범위를 2배로 넓힌다

또한 영어는 당신이 미칠 수 있는 영향력의 범위를 배로 넓혀준다. 예를 들면 싱가포르에서 지낼 때 간혹 들렀던 교회가 있다. 뉴 크리에이션 처치New Creation Church의 목사만큼은 보통 사람이 아니었다. 콘서트를 보는 듯한 예배에서 마치 연예인처럼 등장하는 목사의 이름은 조지프 프린스이다. 내가 듣기로 싱가포르에서 가장 큰 교회라고 했다. 영어 예배는 일요일에 있었다. 총 4차례로, 장소는 부오노비스타라는 곳에 있는 더 스타 퍼포밍 아트 센터The Star Performing Arts Centre, 우리로 치면 예술의 전당 같은 곳에서 예배를 드렸다. 그리고 동시에 한국인들에게 익숙한 비행기 모양의 대표적인 싱가포르 호텔인 마리나 베이 샌즈 호텔의 볼룸에서 스크린을 통해 동시 진행되었다. 매번 진행하는 예배마다 사람으로 꽉 찼다.

더 놀라운 것은 프린스 목사의 예배가 다른 나라에서도 중계된다는 사실이다. 세계 곳곳에서 한 예배를 수천 명의 사람들이 함께 보고 있었던 것이다. 이것이 가능했던 것은 프린스 목사가 사용하는 언어가 영어였기 때문이다. 물론 동시통역을 통해서 예배를 각 국의 언어로 전해줄 수 있겠지만, 목사가 영어를 직접 구사하면서 듣는 사람들에게 감정을 고스란히 전달하는 것과는 엄청난 차이가 있다.

최근 소설가 한강의 영어번역서의 오역 문제가 논란이 되는 것도 이와 같은 선상에서 볼 수 있다. 번역서에서는 작가의 의도가 번역가의 세상을 통해 다시 재탄생되는 과정이라고 볼 수 있다. 작가가 전달하고자 하는 바를 직접 느끼고 알고 싶다면 원문을 봐야한다.

### 영어를 통해 더 많은 세상을 볼 수 있다

영어를 자유롭게 구사하면 더 많은 기회를 잡을 수 있다. 영어라는 언어가 해결이 되면 내가 일하는 곳도 굳이 한국일 필요가 없어진다. 국내에서만 일자리를 찾을 수 있는 것이 아니라 내가 하고 싶은 일이 있는 곳이면 어디든 갈 수 있다. 영어를 잘하면 기회도 더 많이 잡을 수 있다. 링크드인Linked In이라는 곳에 영문 이력서를 올려두면, 한국에 있는 헤드헌터 회사뿐만 아니라 세계 곳곳에서 당신의 능력을 필요로 하는 회사에서 연락이 온다. 주변에 꽤 많은 사람들이 링크드인을 통해서 해외 취업을 했다. 즉 취업의 기회도 다른 사람들보다 더 많이 주어진다. 그렇기에 선택의 폭도 지금보다 훨씬 넓어질 수 있다.

그뿐만이 아니다. 영어를 잘하면 즐길 수 있는 것도, 내가 접할 수 있는 지적 자원intellectual resource도 배가 된다. 한국어로 찾아볼 때 보다 더 많은 정보를 얻을 수 있다. 또한 어려운 번역서가 아니라 영어로 된 원문을 읽을 수도 있다. 여행을 가서도 더 많은 사람들과 소통하면서 그들의 삶을 들여다 볼 수 있고, 그들로부터 인생을 배울 수도 있다. 혼자 떠나는 자유 여행도 어렵지 않게 가능하다. 현지 사람들과 더 많이 어울릴 수 있는 기회도 생긴다.

하나의 외국어를 정복한다는 것은, 하나의 문화를 이해하는 것이다. 언어는 그 나라 사람들의 사고 구조를 고스란히 담아낸다. 영어를 배우고 구사함으로써 영어권 사람들의 사고방식을 이해하고 그들의 문화를 더 쉽게 파악할 수 있게 된다. 그래서 더 많이 누릴 수 있고 삶은 더욱 풍부해진다. 영어 하나 배웠을 뿐인데 내가 접할 수 있는 세상의 폭이 넓어진다.

그래서 감히 말한다. 영어공부는 인생을 바꾸는 출발점이다. 지금까지 영어를 글로만 이해하고 문법으로만 공부해왔다면, 방향을 바꿔서 영어로 표현할 수 있게 공부하기를 권한다. 영어를 통해 더 많은 세상을 볼 수 있도록 공부하기를 권한다.

### 영어를 잘하면 도전하는 용기가 생긴다

친한 후배 B양은 현재 태국에서 마인드풀니스 프로젝트Mindfulness project라는 캠프에 참여해서 세계 곳곳에서 모여든 사람들과 함께 정신 수양을 하고 봉사도 하면서 즐거운 나날을 보내고 있다. 그녀가 겁 없이 도전할 수 있었던 것은 영어가 가능하기 때문이다.

이제는 자신이 원하는 곳에서 좋아하는 것을 할 수 있는 시대다. 소통을 위한 도구로서 영어를 공부하자. 그래도 지금까지 공부했기에 조금만 다르게 좀 더 노력하면 쉽게 사용할 수 있는 의사소통 수단이다. 언어 하나로 세상과 연결되는 기쁨을 만끽해보자.

칼 이글레시아스의 저서 『할리우드에서 성공한 시나리오작가들의 101가지 습관』에서, 킴네샤 벤스는 이런 말을 했다.

"만약, 한 번도 가져본 적이 없는 것을 원한다면 반드시 한 번도 해본 적이 없는 일을 해야만 한다."

지금까지 사용하지 않았던 영어를 하면서 한 번도 경험해보지 못한 세상의 문을 열어보자.
영어, 지금 당장 다시 시작해보지 않겠는가!

# 07 완벽한 영어공부, 당신도 할 수 있다

**영어를 잘하고 싶다면, 지금 바로 시작하라**

구글이 영어를 번역해준다. 네이버의 파파고는 구글 번역의 정확도를 예전에 따라잡았다고 한다. TV에서도 스마트폰에 통역 앱을 설치해서 외국인과 대화를 나누는 연예인들의 모습을 심심찮게 보여준다. 이제는 영어를 배울 필요도 없겠다는 말들이 오고간다. 미래에 사라지는 직업 중 하나가 번역가 또는 동시통역사라고도 한다. 그럼에도 불구하고 아직도 많은 사람들은 영어를 배우고 싶어 한다. 언어는 사람과 사람을 이어주는 것이다. 제 아무리 뛰어난 성능의 통역 프로그램이라 한들 직접 통하고 싶은 그 욕구마저 채워주지는 못한다.

한국에서 영어를 배우는 이유는 다양하다. 초 · 중 · 고 시절에는 시험 때문에 공부한다. 대입시험인 수학능력시험에서 영어가 절대평가로 이루어진다고 해도 공부에서 빠져서는 안 되는 주요 과목인 국어, 영어, 수학 과목 중 하나이기 때문이다. 그래서 시험을 위한 영어공부를 열심히 한다. 족집게 과외 선생님은 영어 시험문제에 어떻게 정답을 찾아내는지에 대한 비법을 전수해준다. 대학생이 되어서는 대체로 취업 준비, 또는 유학 준비로 영어공부를 한다.

취업 준비의 경우 막상 취업해서는 영어 한마디 안 쓰는 부서로 발령을 받을지언정, 영어 면접이다, 토익 시험이다 영어공부를 꼭 해야 하는 상황에 놓인다. 그렇게 취업하고 나면 승진에 영어 점수를 요하는 회사가 꽤 많다. 승진을 위해서 또 영어공부를 한다.

그 후 어느 정도 경제적 · 시간적 여유를 가지게 된 40대 후반~50대에 접어들면 해외여행에 가서 현지인들 또는 외국인들과 영어로 대화하면서 그 사람들의 삶에 대한 이야기를 듣고 싶고 또 내 이야기를 해주고 싶은 때가 온다. 그러면 또 영어공부를 하겠다는 생각이 든다.

학교 다닐 때, 직장생활을 할 때의 영어공부는 시험의 일정 점수를 목표로 준비하는 공부가 대다수다. 목표가 시험이다 보니 정답을 맞추는 기술을 배우면 충분히 좋은 점수를 받을 수 있다. 그리고 원하는 점수가 나오면 영어공부는 한동안 다시 접어둔다. 그러다가 해외로 출장을 가거나 여행을 가서 영어를 사용하는 사람들과 어울릴 기회가 있는데, 말을 하지 못하는 자신을 발견한다. 한국으로 돌아오는 비행기에서 결심한다.

"이번에 한국 가면 영어공부 제대로 해야지."

그리고 거창한 계획을 세운다. 영어 회화 새벽반, 온라인 강의 등을 찾아본다. 그 후 앞에서 말한 무한루프에 빠져든다.

사람들은 죽기 전에 꼭 하고 싶은 일들, 즉 버킷리스트를 작성한다. 많은 사람들의 버킷 리스트에 꼭 나오는 항목 중 하나가 '영어를 자유롭게 구사하기'다. '언젠가' 나는 꼭 영어를 자유롭게 구사할 거야!

왜 지금 하면 안 될까? 왜 하필 '죽기 전에 한 번 쯤 해야 하는 것'으로 영어공부를 꼽았을까? 의문이 든다. 영어를 잘하고 싶다면 지금하면 되는 것이고, 그러면 영어를 사용할 더 많은 기회들이 올 텐데도 말이다. 그리고 분명한 것은 언젠가는 결코 내가 만날 수 없는 날이다. 언젠가는 오지 않는다. 말 그대로 '언젠가'이니까.

## 오늘 하지 않을 거면 앞으로도 하지 마라

어느 40대 남성분이 해외 출장차 두바이에 다녀왔다. 그는 영어를 잘하지 못해서, 유학을 다녀온 부하 직원을 데리고 출장에 다녀왔다고 한다. 회의할 때에는 부하직원이 충실히 옆에서 통역을 해주어서 크게 무리가 없었다고 한다. 그리고 공식적인 회의석상이기 때문에 영어를 사용하는 상대측에서도 순차로 통역되는 시간을 배려해주었다고 한다. 업무를 끝내고 다 함께 저녁식사를 하러간 자리에서는 부하 직원의 통역 찬스를 쓰기가 상대적으로 힘들었다고 한다. 캐주얼하게 오고가는 대화들을 바로 바로 부하 직원이 통역해주기에는 무리가 있었다. 그리고 농담들을 주고받는데, 자신만 그 자리에서 함께 웃지 못하고, 부하 직원이 통역을 해준 후에야 '아~' 하고 이해하는 정도로 넘어갔다고 한다. 그는 영어에 대한 설움을 톡톡히 당하고 한국으로 돌아왔다. 돌아오는 비행기 안에서 영어공부를 꼭 해서 언젠가 자유롭게 영어로 대화해야겠다고 마음먹었다.

이분은 영어를 잘하게 되었을까? 물론 50대가 되었지만 아직 영어를 잘하지 못한다. 여전히 영어로 진행되는 회의석상에는 영어를 잘하는 부하직원을 동반한다. 이유는 하나다. 영어공부를 할 시간이 없어서다. 하겠다는 목표는 있었지만 막상 한국에 돌아와서 영어공부를 시작할 마음의 여유가 없었던 것이다.

70대 여성분이 있다. 그 분의 손주들은 모두 어려서부터 미국으로 유학을 갔다고 했다. 손주들이 어느 정도 자라자 함께 여행을 갈 기회가 있었다고 한다. 손주들은 한국어를 거의 못했다. 대신 영어를 모국어처럼 구사했다. 손주들과 의사소통이 잘 안 되는 것에 회의를 느낀 이 여성분은 여행을 마치고 한국으로 돌아오자마자 영어공부를 시작했다. 그리고 지금은 손주들과 영어로 대화를 나눌 수 있는 수준까지 오르셨다.

정말 대단한 분이다. 20대도 30대도 아닌 70대였다. 우리는 흔히 외국어는 나이가 어릴수록 빨리 습득한다고 한다. 이런 통념을 깼다. 물론 나름의 피나는 노력을 했겠지만, 이 분이 다른 사람들에 비해 빨리 영어를 자유롭게 구사할 정도의 수준에 오를 수 있었던 것은, 공부를 하기로 마음먹은 그날부터 당장 시작했기 때문이다.

우리는 우리에게 주어진 시간이 마치 무한하다고 생각하며 살아간다. 그래서 굳이 오늘 하지 않아도 되는 일이라고 생각하고, 내일로 미룬다. 그 다음 날이 되어도 마찬가지다. 그 다음 날에도 '오늘 굳이 하지 않아도 되는 일'로 생각하고 다시 내일로 미룬다.

진지하게 묻고 싶다. 오늘 굳이 하지 않아도 되는 일을 왜 해야 할 일 목록에 적었는가? 오늘 하지 않아도 되는 일은 내일도 하지 않아도 되는 일이고, 내 인생 전체를 봤을 때 역시 하지 않아도 되는 일이다. 그러니,

굳이 하지 않아도 되는 일을 해야 할 일 목록에 써 두고 바쁜 척하지 말자. 영어공부도 마찬가지다. 영어공부를 오늘 굳이 하지 않아도 된다고 생각한다면 앞으로도 할 필요가 없다. 괜히 하겠다고 목표를 세워놓고는 실천하지 못하고 내일로 미루면서 스스로를 학대하지 말자. 에너지 낭비일 뿐이다.

그러나 꼭 영어를 잘하고 싶다면 지금 당장 시작하라. 결코 내일로 미뤄서는 안 된다.

### 목표를 위해서는 지금부터 조금씩 해라

시간은 결코 당신을 무한정 기다려주지 않는다. 많은 사람들이 시간은 하나의 일직선으로 이루어져있다고 생각한다. 하지만 시간이라는 것은 하나의 직선상에 존재하지 않는다. 오늘 내가 흘려보낸 시간은 미래의 어느 시점에서 다시 마주하게 된다. 지금 이 순간, 내가 영어공부를 하지 않고 스마트폰을 보며 의미 없이 흘려보낸 시간은 반드시 미래의 어느 시점에서 우리와 다시 마주하게 되어 있다. 그 시점에서 영어를 유창하게 하는 나를 만날 것인가, 아니면 여전히 '미리 영어공부 좀 해둘 걸.' 후회하는 나를 만날 것인가는 지금 우리가 보내는 이 시간의 내용에 따라 결정된다.

목표에 도달하지 못하는 가장 근본적인 이유는 실천을 하지 않기 때문이다. 실천하지 않고 그저 어느 날 외국인을 만나 유창하게 영어로 말하는 자신을 꿈꾸기만 한다면 그건 망상에 지나지 않는다. 매일 조금씩 실천해나갈 때 우리는 목표에 어느새 가까워져 있음을 알게 된다. 행동하지 않으면 목표는 절대 이루어지지 않는다.

니체는 그의 저서 『인간적인 너무나 인간적인』에서 이렇게 말했다.

"무슨 일을 막론하고 시작하지 않으면 아무것도 이루어지지 않는다."

영어를 자유자재로 구사하고 싶은가? 그렇다면 머릿속에서 '언젠가'라는 단어를 지워라. 그리고 지금 당장 시작해라. 영어 책을 펼쳐라. 없으면 인터넷 창을 띄워라. 그리고 〈뉴욕타임즈〉, 〈가디언〉, 〈월스트리트저널〉 등의 영어권 언론사 사이트의 창을 열어라. 지금 당장!

# 2장

# 재미있고 완벽하게 해내는 영어공부의 비밀

# 01 고민하지 말고 지금 당장 시작하라

How we spend our days is, of course, how we spend our lives.
하루하루를 어떻게 보내는지가 결국 우리의 삶을 결정한다.
– Annie Dillard 애니 딜라드

## 24시간을 온전히 '영어하며' 지내라

영어를 잘하는 비결은 간절함 + 꾸준함 + 반복적인 연습이다. 이 세 가지를 온전히 수행하려면 우리는 24시간을 온전히 '영어하며' 지내야 한다. '영어하며' 지낸다는 말은 영어를 잘하기 위해서 영어에 집중하고, 매 순간 영어를 중심으로 행동하고 생각한다는 의미다. 한마디로 영어에 미쳐서 살아야 한다.

틈틈이 영어를 듣고 말하는 기회를 잡아야 한다. 기회는 만들 수 있다. 외국인이 자주 출몰하는 지역에 친구와 약속 장소를 잡고, 외국인이 행여 길을 물어온다면 친절히 답해주고 질문을 2~3개 정도 먼저 던져보라. 짧은 대화여도 일상 속에서 영어로 말할 수 있는 기회를 지속적으로 만들어내는 것도 영어 실력을 향상시킬 수 있는 하나의 방법이다. 하지만, 이런 기회는 특별한 기회다. 매일 같이 만들어내기에는 무리가 있다.

영어를 질리지 않으면서도 지속적으로 배우고 사용할 수 있는 방법으로 무엇이 있을까?

무엇이든 과하면 지친다. 복잡하게 많은 것을 하는 것보다 짧게, 자주 많이 하는 것이 좋다. 아래는 내가 제안하는 평일 24시를 '영어하며' 보내는 방법이다. 출근해서 일을 하는 시간을 제외하고 틈틈이 실행할 수 있는 방법이다.

아침 기상 : 인스타그램에서 미국 동기부여가들이 올린, 영어로 된 '오늘의 메시지'를 확인한다. 메시지를 큰 소리로 10번 읽는다.

출근 준비 : 영어 뉴스를 켜놓는다.

출근 시간 : 영어 방송 라디오나 팝송을 듣는다.

근무 시간 : 동료 중 영어공부를 같이 할 사람을 정한 후, 출근 후 온라

인 메신저로 오고가는 잡담을 영어로 한다. 물론 할 일은 하면서 틈틈이 한다.

점심을 먹고 난 후 15분 : 영어 뉴스 한 꼭지를 2번 소리 내서 읽는다.

퇴근 시간 : 영어 방송 라디오나 팝송을 듣는다.

퇴근 후 : 1시간 영어책을 읽거나 미국 드라마를 본다. 또는 취미를 영어로 배운다.

잠자리에 들기 전 : 영어로 오늘 하루 있었던 일을 혼자서 말한다. 영어로 감사 일기를 쓴다.


### 계획은 누구나 세운다, 문제는 실행이다!

계획보다 100배 중요한 것은 실행이다. 학창시절 중간/기말 시험을 대비하기 위해서 늘 가장 먼저 했던 건 계획을 세우는 일이었다. 하루 공부 분량을 정하고, 언제까지 무엇을 끝내겠다는 거창한 계획표가 나온다. 야간 자율학습 시간에 공부는 안하고 계획만 세우다 끝낸 적도 무수히 많다. 계획이 계획으로만 끝난다면 아무런 의미가 없다. 하지만 우리는 끊임없이 계획을 세운다. 그 시간에 실제 공부를 했다면 더 많이 공부할 수 있었을 텐데 말이다. 하지만 실행은 계획을 세우는 것만큼 쉽지는 않다. 대부분 실천으로 옮기지 못해 계획은 무산되고, 우리가 꾸는 꿈들은 현실이 되지 못한다. 실행으로 옮기는 것은 커다란 용기가 필요하다.

지난해, 마음 편히 그냥 먹고 싶은 대로 먹었더니 체중이 불었다. 태어나서 처음으로 다이어트를 결심했다. 이왕 하는 것, 개인 운동 트레이닝을 제대로 받으면서 건강하게 살을 빼겠다고 다짐했다. 개인 운동 트레이너를 찾아가 원하는 체중 감량의 목표를 말하고, 어떤 식으로 체중을 감량해야 할지 물었다. 그러자 트레이너가 대답했다.

"많은 회원님들, 특히 운동 자주 안 나오시고 자주 빠지시는 회원님들이 하는 말이 있어요. 살을 너무 많이 빼면 주름이 잡혀서 늙어 보이지 않을까요? 그런 분들에게 제가 말합니다. '일단 빼고 보시죠. 다시 찌우는 것은 쉬우니까요.' 빼기도 전에 빼고 난 후를 걱정하는 분들이 의외로 많아요. 회원님은 그러시지 않으리라 믿지만, 일단 운동을 열심히 해서 빼고 그 다음에 걱정하세요."

순간적으로 그동안 내가 결과를 보지 못했던 많은 일들이 떠올랐다. 그런 부정적인 생각이 내 목표를 이루는 데 장애로 작용했던 적이 많지 않았던가? 반성이 되었다. 어떤 일을 시작할 때, 실행에 옮기기도 전에 지레짐작으로 오만 가지 걱정을 다한다. 그리고 그 걱정은 꼬리에 꼬리를 물고 많아진다. 돌이켜보니 그렇게 걱정하고 생각만 하다 결국 실행에는 옮기지 못했던 경험이 꽤 많았다. 결국 실천하기 전에 생각 단계에서 모든 것이 끝나버린 것이다.

결국 실행에는 옮기지 못했던 경험이 꽤 많았다. 결국 실천하기 전에
생각 단계에서 모든 것이 끝나버린 것이다.

## 고민하지 말고 바로 실천에 옮기라

예전 직장 상사 중 한 분은 매일 출근 전 1시간씩 조깅을 했다. 비가 오건, 눈이 오건 변함없이 했다고 한다. 그 부분이 정말 존경스러웠다. 하루는 점심을 같이 먹으면서 여쭈었다.

"부장님, 어떻게 매일 하루도 빼먹지 않고 조깅을 할 수 있나요? 저는 매일 밤 자기 전에 '내일 아침 꼭 해야지!' 하고 잠자리에 들어도, 아침이 되면 '그냥 내일부터 하자!'라는 생각이 먼저 들거든요."

"아침에 일어나면, 나는 아무 생각 없이 어젯밤에 미리 챙겨둔 조깅할 옷으로 갈아입고, 조깅화를 신어. 그리고 그냥 나가서 뛰어. 그러니까 되더라고. 눈뜨면 다른 생각하지 말고 바로 나가는 게 중요한 것 같아!"

그렇다. 어떤 일을 할 때, 우리의 실천을 가로막는 가장 큰 걸림돌은 잡생각이다. 나는 조깅을 하려고 아침에 눈을 떴을 때 그동안 너무 많은 생각을 했다.

'오늘 날씨가 어떻지?'
'밖에 바람이 많이 불면 춥겠지?'
'아침부터 뛰고 가면 업무에 지장이 많지 않을까?'
'어제 회식 자리에서 술을 적당히 마실 걸….'

그렇게 생각을 하는 시간 동안 나는 이미 동네를 몇 바퀴 돌 수 있었다. 그런데 생각만 하다가 결국 못한다. 그리곤 출근 준비를 하게 된다.

'앗! 늦었네!'

후회를 하면서. 영어를 공부할 때에도 마찬가지다. 공부 계획만 줄기차게 세우고, 막상 실행에 옮겨야 하는 단계에서 우리는 생각한다.

"정말 내가 영어를 잘하게 될 수 있을까?"
"이 영어 소설책이 재미있을까?"

별별 생각을 다한다. 그리고 막상 공부할 시간은 놓쳐버린다. 앞서 소개한 24시간 '영어하며' 지내기 위한 계획 역시 실행에 옮기기 전에 많은 생각이 들 것이다. 아침에 눈뜨면서 SNS를 확인할 때도 뭔가 다른 생각에 이끌려 웹서핑에 빠져 있는 자신을 발견하게 될지 모른다.

부디 당부하건대, 계획을 세우고 실행에 옮길 때 아무 생각도 하지 말자. 아침에 눈을 뜨면 아무 생각 없이 팔로우해놓은 동기부여가의 SNS를 확인하고, '이 명언이 좋을까, 저 명언이 좋을까?' 고민하지 말고, 처음으로 눈에 들어오는 명언을 큰 소리로 10번 읽자. 10번을 읽고 나면,

생각하지 말고 영어 뉴스 프로그램을 켜자. CNN이든 BBC든 상관없다. 일단 켜놓자. 그렇게 고민의 순간을 없애고 24시간 '영어하며' 지내도록 바로 실천에 옮기는 것이 핵심이다.

Just do it!

# 02 무조건 3개월, 영어와 뜨겁게 동거하라

If life doesn't offer you a game worth playing, then invent new one.
삶이 당신에게 가치 있는 것을 제공하지 않는다면, 스스로 만들어라.
— Anthony J. D'Angelo 안토니 J. 단젤로

당신은 왜 영어를 배우려고 하는가?

영어를 배우고자 하는 강렬한 열망을 가지고 있는가? 나에게 종종 영어공부를 어떻게 해야 하는지 물어오는 사람들이 있다.

"영어공부 대체 어떻게 해야 하나요?"

그들에게 나는 다시 되묻는다.

"왜 영어공부하려고 하는데요?"

영어가 절실하게 필요한 상황이 아니라면, 굳이 영어를 왜 하려는지 묻는 것이다. 스스로 하겠다는 의지가 간절하지 않은 채, 그냥 '필요할 것 같아서요.'라고 말을 하는 사람들에게는 영어공부가 필요 없다는 이야기를 해준다. 그리고 그 시간에 자신이 좋아하는 다른 것을 배우라고 권한다. 스스로가 간절하게 배우고자 하는 열망이 없으면, 그만큼의 성과가 나오기 어렵기 때문이다.

이와는 달리, 그저 영어를 좋아하는 사람들이 있다. 이 사람들은 필요에 의해서라기보다 정말 영어 자체를 좋아하는 사람들이다. 필요하지 않아도 영어공부를 한다. 그리고 영어를 깨우쳐가는 그 과정을 즐긴다.

스스로에게 물어보라.
왜 영어를 배우고 싶은가?
정말 배우고 싶고 잘하고 싶은 것이 영어인가?

정말 잘하고 싶은 것이 영어가 아니라면 굳이 시간과 돈, 그리고 에너지를 낭비해가면서 배울 필요는 없다. 하지만 배우고 싶다는 마음이 간절하다면, 영어를 정말 잘하고 싶은 마음이 간절하다면, 적극적인 자세로 영어를 배워보라.

## 간절하다면 미친 듯이 공부하라

"한국에서는 왜 학생들이 배우러 와서 책상에 엎드려 자고 있는지 모르겠어요."

한국의 한 대학에서 강의하는 외국인이 말했다. 한국에서 학생들을 가르칠 때 가장 의아한 부분이라고 했다. 더 공부하라고 과제를 내주면, 일단 싫어한다. 그리고 막상 과제를 해오더라도 그 내용을 보면 누군가에게 '나 과제 했어요.' 보여주기 식 과제를 해올 뿐, 정말 자신의 실력을 향상시키고, 스스로 답을 찾아가는 과제를 해오지는 않는다. 기본적으로 자신이 봤을 때에는 학교에 배우러 온다기보다, 그저 평가받으러 오는 것 같다고 한다.

그의 말이 충격으로 다가왔다. 나 또한 배움에 있어서 그런 태도를 보인 적이 한두 번이 아니었다. 배우겠다고 말은 하면서도 멀쩡히 '돈' 내고 다니면서, 수업을 빼먹기 일쑤였고, 막상 수업 시간에 딴짓을 하는 것은 예사였다. 교수님이 내주는 과제에 항상 투덜거렸고, 그 과제를 통해서 결코 나 스스로 더 많은 것을 찾아보지 않고, 더 많이 읽어보면서 배우려고 하지 않았다. 딱, 시키는 것, 거기까지만 했다. 입학할 때의 포부와 열정은 어느새 사라지고 어쩔 수 없이 공부하고 있는 모습만 보인다.

대부분의 사람들 역시 마찬가지다. 우리는 배움 앞에서 상당히 수동적이다. 누군가가 무엇을 시키는 환경에서, 선생님들은 학생들을 어르고 달래면서 가르친다. 학생들은 배움에 대한 목마름이 적다. 배우고 싶지 않은데 억지로 끌려와 앉아 있는 듯하다. 물론 고등학교 때까지는 그럴 수 있다. 하지만, 고등학교 때까지 타성에 젖은 채 배움을 대하다 보니 그 이후, 자신이 원해서 배우기 시작하는 수업에 대해서도 비슷한 모습을 보인다. 배우러 와놓고, 평가받으러 온 사람의 태도를 보인다. 배워 나간다기보다 '나 좋은 점수 주세요!'의 욕망이 더 강하다.

그래서일까? 간혹 TV에서 한글을 읽고 쓸 줄 모르다가 일흔이 넘은 나이에 배워 이제 막 쓰고 읽게 된 할머니, 할아버지의 사연을 보면 감동이다. 그들은 배움에 목말라 있다. 스스로 조금만 더 하고 싶은 욕망이 들끓는다. 그래서 남들이 보기에는 더 이상 무엇인가를 배울 수 없을 것만 같은, 그리고 배울 필요도 없어 보이는 나이인데도 불구하고 그들은 해낸다.

### 영어공부의 시작은 생활공간에서!

영어공부의 시작은 당신이 생활하는 가까운 곳에서부터 하라. 당신이 영어를 배우기로 마음을 먹었다면 다른 사람이 나의 영어 실력을 어떻게 평가할 것인가에 신경 써서는 안 된다. 내가 얼마만큼 영어를 간절히 배우고 싶어 하고 또 얼마만큼 열심히 하고자 하는지, 스스로에게 증명해 보일 필요가 있다. 남들이 뭐라고 하든 영어를 꼭 잘하고 싶다면 당신의 생활공간부터 모두 바꿔보라.

먼저 책상이나 책장에 가장 손이 쉽게 닿고 눈에 띄는 곳에는 영어로 된 책만 둔다. 심심할 때마다 손이 가는 곳에 영어 소설이나, 영어 전문 서적을 두자. 그리고 아침에 일어나는 알람은 영어 라디오 방송이나, 영어 TV 채널로 설정해두어 알람 역할을 함과 동시에 바로 영어를 들으면 서 일어날 수 있게 만든다.

마음에 새겨두고 싶은 명언들을 영어로 적어 곳곳에 붙여둔다. 그리고 컴퓨터를 켜고, 인터넷에 접속할 때의 첫 화면도 영어로 된 해외 언론사 로 설정한다. 쓸데없이 이곳저곳 기웃거리지 않고, 컴퓨터를 열어볼 때 마다 영어 기사의 헤드라인을 읽을 수 있는 환경을 만들어두자. 틈틈이 시간이 날 때마다 꺼내 보는 스마트폰도 모두 영어로 설정을 바꾸고, 스 마트폰에서 목적 없이 검색하는 그 시간에 영어로 짧은 강의를 듣는다든 지, 유명한 사람들의 졸업 연설을 들어보라.

이외에도 무수히 많을 것이다. 조금 관심을 가지면 눈에 들어오게 된 다. 내가 생각하는 것이 눈에 더 많이 띄는 것처럼 말이다.

영어를 잘하고 싶다고?

그럼 지금 당신이 있는 곳부터 변화를 주어야 한다.


나의 생활공간이 영어로 가득한 공간이 되고, 틈틈이 나는 시간은 모두 영어로 채워져야 한다. 그러다 영어가 싫어지면 어떻게 하냐고? 그렇게 해서 싫어지고 싫증날 영어라면 괜찮다. 영어공부가 싫다는 사실을 깨닫는 것 자체도 큰 공부가 되니까. 그러니 이런저런 생각과 걱정을 앞세우지 말고, 오로지 열정과 노력으로 영어와 지독하게 살아보자. 그렇게 하면 누구라도 3개월이면 귀가 뚫리고 입이 터진다.

## 70세 할머니의 뜨거운 열정을 보라

얼마 전, 한 할머니가 한글을 깨우치고 이야기 할머니 선생님이 된 감회를 시로 남긴 글을 인터넷에서 보았다. 배움에 대한 갈망과 열정, 그리고 자신만의 그 날을 만들어낸 할머니의 모습이 배움에 있어 수동적인 모습만을 보인 우리에게 또 다른 감동을 선사한다.

드디어 그 날이다

매화 배움 학교

달호댁 방용분 지음

나도 선생님이 된다.
마음이 너무 떨린다. 잠도 못잤다.
나만 쳐다보는 아이들의 샛별 같은 눈동자
생각만 해도 가슴이 떨린다.
옛날에 옛날에 나는 학교를 못 갔다.
동생들 빠진 준비물 심부름에

다 떨어진 고무신 신고 담장 너머

빼꼼히 바라만 보았던 그 학교 교실

내 것이 아닌 줄 알았다. 평생 못할 줄 알았다.

그런데 내 나이 60 넘어

선생님이 되었다.

비록 이야기 할머니 선생님이지만

아이들은 병아리 같은 입으로 네네 선생님 하고

대답한다. 그 삐약이 같은 소리에

힘들었던 내 인생은 연기처럼 사라지고

세상에서 가장 기쁘고 기쁘고 기쁘고 즐거운

오늘을 만들었다.

장하다.

오늘은 나도 선생님이다.


'그 학교 교실, 내 것이 아닌 줄 알았다. 평생 못할 줄 알았다.'라는 문구가 가슴을 친다. 그러나 끝끝내 해내고 그 교실에서 가르치는 선생님이 된 할머니의 열정은 정말 대단하다.

# 03 먼저 좋아하는 것을 영어로 하라

Let passion drive your profession.
열정이 당신의 일을 이끌게 하라.
– Oprah Winfrey 오프라 윈프리

### 영어를 공부해서 배우겠다는 생각을 버려라

영어의 알파벳조차 모른다면, 영어를 공부하기 훨씬 쉽다. 왜? 처음부터 차근차근 배우면 되니까! 문제는 어중간한 실력을 가지고 있는 사람이다. 한국에서 정규 교육을 마친 대다수의 사람들은 바로 이 어중간한 실력 안에 있다. 읽으면 대충 무슨 뜻인지는 알지만, 말하는 데는 어려움이 있다. 상대가 하는 말이 무엇인지 대략 들리지만, 내가 전하고자 하는 말을 글로 써서 전달하기에 힘이 든다. 다양한 어휘 관련 교재들로 공부도 꽤 해서, 알고 있는 단어도 많다. 하지만 딱히 어디에 어떻게 써야할지는 잘 모른다. 어디에서 시작해야 할지도 모른다. 그래서 영어공부가 한없이 멀게만 느껴진다. 다 어중간하기 때문이다. 영어를 공부하기에 아는 것은 많지만, 영어를 자유롭게 사용하기에는 많이 힘에 부친다.

이럴 때는 좋아하는 것을 영어로 접해보자. 영어를 배우겠다는 생각이 아니라, 내가 좋아하는 것을 영어로 접해보는 것이다. 요즘은 인터넷이 잘 발달되어 있어 원하는 콘텐츠를 유튜브 등을 통해서 쉽게 접해볼 수 있다. 전자기기 사용법, 구매 후기 등도 한국어 콘텐츠가 아닌 영어권에서 만든 콘텐츠로 접해보자. 내가 좋아하는 것을 영어로 접하기 때문에 훨씬 쉽게 이해가 되고, 관련 용어들도 쉽게 습득할 수 있다.

### 좋아하는 소설을 영어로 읽어보라!

고등학교 1학년 때, 나는 한창 영어에 관심을 가지고 영어를 잘하고 싶었다. 그 당시에는 유튜브 등이 없었기 때문에 지금보다 영어를 접할 기회는 훨씬 적었다. 그래서 나는 내가 좋아하는 소설을 영어로 읽었다. 그 시절 나는 생텍쥐페리의 『어린 왕자』 소설에 푹 빠져 있었다. 프랑스어 원문으로 소설을 읽기에 나의 프랑스 실력은 한참 미천했고, 그나마 어중간한 영어 실력으로 『어린 왕자』를 읽어보고 싶었다. 서점에 갔다. 영어 소설 코너에서 『어린 왕자』를 사서 집으로 왔다.

틈이 날 때마다 읽었다. 내가 좋아하는 구절은 다음 날 학교에 가서 친구들에게 소리 내어 읽어주었다. 나의 착한 친구들은 내가 감명 받았다고 읽어주는 것에 전혀 거부감 없이 잘 들어주었다. 감명 받은 구절을 영어로 읽을 때, 그 뜻이 영어로 전달될 때, 감동은 2배가 되었다. 신이 났다. 특히 내가 좋아했던 두 부분을 여기서도 읊어주고 싶다.

"If someone loves a flower, of which just one single blossom grows in all the millions and millions of stars, it is enough to make him happy just to look at the stars. He can say to himself : "Somewhere, my flower is there … " But if the sheep eats the flower, in one moment all his stars will be darkened … And you think that is not important!" – 생텍쥐페리의 『어린 왕자』中

우리에게 너무나도 유명한 구절이다. 저 하늘의 수많은 별들 중 어느한 곳에, 내가 사랑하는 꽃 하나가 피어 있다면, 그 수많은 별들을 바라만 봐도 행복한 사람이 있다는 말이 고등학생의 사춘기를 앓는 나에게는 더없이 낭만적이고 가슴이 아려왔다.

또한 서로 모르던 사이에서 서로가 알아가고, 점차 서로에게 특별한 의미가 되어 가는 과정을 친구를 사귀면서 한창 배워 나가는 나이에 다음 구절은 또 다른 감동으로 나에게 다가왔다.

"To me, you are still nothing more than a little boy who is just like a hundred thousand other little boys. And I have no need of you. And you, on your part, have no need of me. To you, I am nothing more than a fox like a hundred thousand other foxes. Buf if you tame me, then we shall need each other. To me, you will be unique in all the world. To you, I shall be unique in all the world …." – 생텍쥐페리의 『어린 왕자』中

위의 두 부분을 틈만 나면 소리 내어 읽었다. 그 뜻이 내 마음에 온전하게 전달될 때까지 읽었다. 이 과정을 통해서, 나는 영어에 한 발 더 다가갈 수 있었다.

읽어도 무슨 말인지 모를 수도 있다. 해석은 일부러 넣지 않았다. 앞으로 나올 몇 군데의 영어 글귀에도 해석을 넣지 않았다. 없어도 된다. 찬찬히 읽어보면 아마 당신이 모르는 단어는 거의 없을 것이다. 지레 겁먹어서 해석부터 찾지 말고 2번, 5번, 10번씩 읽어라. 모르는 단어는 직접 찾아봐라. 계속 영어를 영어로 받아들이다 보면 해석이 없어도 뜻이 머릿속으로 들어올 것이다. 그게 영어의 맛이다. 그렇게 하다 보면 영어가 재미있어진다.

계속 영어를 영어로 받아들이다 보면 해석이 없어도
뜻이 머릿속으로 들어올 것이다. 그게 영어의 맛이다.

광주에 내가 참으로 존경하는 분이 계신다. 그 분은 젊은 시절 조직폭력 세계에 몸을 담았고, 아주 험난한 삶을 사셨다. 학교를 제대로 다니지도 않았으나, 그 분야에서는 꽤 이름을 날렸다고 한다. 그러던 어느 날, 건강에 이상이 생겨 시신경이 마비되기 시작하였다. 끝내 시각 장애인이 되었는데, 현재는 장애인들을 목소리를 대변하는 좋을 일을 하며 새 삶을 살고 계신 분이다. 그런데 이분의 영어 실력이 정말 대단하다. 처음에 성경을 영어로 외운다고 해서, 그냥 있는 그대로 읊나 보다 했다. 그런데 실제 들어보니 아니었다. 의미상 문맥을 딱 맞춰 끊어가면서 성경 구절을 외웠다.

실제 들었을 때, 외운다는 느낌보다 한국어의 성경 구절을 영어로 잘 통역하는 느낌이 더 강했다. 정말 놀라웠다. 좀 더 성경을 공부해서 영어로 성경에 나오는 이야기를 연극으로 올리는 것이 꿈이라고 했다. 영어로 성경 강연도 가능하다고 하셨다. 내가 물었다.

"어떻게 그렇게 할 수 있으셨는가요?"
"그냥요, 성경이 재미있어서!"

자신이 좋아하는 것을 영어로 공부하다 보니 재미있어서 영어를 잘하게 되었다는 말씀이다.

## 영어로 취미 생활하면 새로운 세계가 열린다

예전 직장 동료 중 한 명은 살사Salsa로 영어를 배웠다. 현재는 5개 국어 이상을 하는데, 모두 살사를 통해 배운 언어라고 한다. 이태원의 직장인 소셜 살사 댄스와 같은 곳에 가서 춤을 배우고 함께 추면서 그곳에 오는 외국인들과의 교류를 가지는 계기를 만든다.

춤이라는 것은 몸으로 표현하는 또 다른 언어로 전 세계 어디에서나 통하는 언어이기도 한다. 그래서 그는 해외로 여행을 가거나, 출장을 가면 꼭 시내 유명한 살사 바를 들른다고 한다. 춤이라는 공통 언어로 처음 보는 사람이더라도 신뢰와 친분을 쌓아 점차 그들의 언어와 문화를 습득하는 것이 그의 방식이었다. 그는 현재 스페인 여성을 만나 프랑스 어느 곳에서 아들을 낳고 잘 살고 있다. 한국에서 나고 자란 그가, 자신이 좋아하는 춤을 통해 글로벌 세상으로 나아간 것이다.

좋아하는 분야가 무엇이든 상관없다. 스포츠를 좋아하면 스포츠 프로그램을 영어로 청취하면 되고, 좋아하는 소설이 있으면 영어책으로 사서 읽어보면 된다. 새로운 취미를 배우고 싶다면, 영어로 배우는 것을 추천한다. 그리고 새로운 분야에 대해 공부를 하게 되더라도 영어로 관련 정보나 학술지 등을 찾아보면 된다. 패션에 관심이 있다면, 지금 당장 패션 잡지 영어판을 인터넷으로 구독해보기를 권한다. 내가 질리지 않고 좋아하는 분야를 영어로 접하기 시작하면 어렵지 않게 관련 표현들을 습득하게 되고, 나 또한 그 분야에 대해 영어로 다른 사람에게 설명이 가능하게 된다.

더 이상 영어공부를 시험 과목으로만 바라보지 말라. 당신이 좋아하는 것을 영어로 접하도록 노력해보라. 좋아하는 것에 대한 공부를 영어로 해보라. 좋아하는 것에 대한 정보는 영어로 습득하는 것이다. 그러면 반드시 영어의 또 다른 세계가 눈앞에 펼쳐질 것이다.

## 영어 스피치 클럽, Toastmasters를 소개합니다

많은 동호회가 있겠지만, 'Toastmasters' 클럽을 추천한다. 이 클럽은 국제적인 클럽으로 미국에서 시작되었다. 사람들 앞에서 연설을 하는 것을 함께 모여 연습하는 것에서 시작된 비영리 클럽이다. 한국에서도 직장인들이 주로 모여 있는 곳에는 이 클럽이 운영되고 있다. 주어진 시간, 주어진 주제로 즉흥 연설을 하는 것부터 미리 준비해온 연설을 하고 청중들의 질문에 답변하는 등 영어 스피치 실력을 한껏 올릴 수 있는 다양한 활동들이 있다.

꼭 영어를 배우고자 하는 사람들뿐만 아니라 영어를 모국어로 하지만, 자신의 스피치 실력을 키우려고 오는 사람들도 있기 때문에 다양한 레벨의 영어를 연습할 수 있는 기회가 될 것이다. 전 세계적으로 이 클럽이 있기 때문에, 만약 다른 나라에 가서도 영어 스피치를 연습하고 싶으면 가입해서 활동하면 된다. 지금 인터넷 창에 'Toastmasters'를 검색해서 나의 직장이나 집에서 가까운 곳을 검색해보라. 그리고 가입하고 바로 활동을 시작하라.

# 04 오늘도 틈틈이 영어를 즐겨라

Nothing great in the world has been accomplished without passion.

이 세상에 열정없이 이루어진 위대한 것은 없다.

– George Wilhelm Friedrich Hegel 게오르크 빌헬름 프리드리히 헤겔

**외국어를 자유자재로 쓰게 되는 일은 언제 일어날까?**

영국에서 대학교를 다니면서 내가 가장 잘하지 못하고, 힘들어했던 건 바로 시간 관리였다. 시간이 자유롭게 주어지자 이를 어떻게 써야 할지 막막했다. 시간표는 강의와 세미나만 있었고, 그 외 나머지 시간은 스스로 공부를 해야 하는 시간들이었다. 내가 하루의 시간을 제대로 쓰지 않아도 당장 뭐라고 할 사람도 없었다.

오늘 하루 책을 읽지 않는다고 해서 크게 달라질 것은 아무 것도 없었다. 그러다 보니 너무도 쉽게 시간을 흘려보냈다. 특히 마지막 학년 논문을 쓸 때에는 학교 수업도 거의 없었다. 필요할 때마다 담당 교수를 찾아가 논문의 방향과 현재 진행 상태를 점검하는 정도였고, 그 외 모든 시간은 자유였다. 어느 곳에도 매여 있지 않아 시간을 내가 마음대로 쓸 수 있었다. 하지만 나는 어떻게 해야 할 바를 몰랐다. 누군가가 정해준 시간에 따라 살아온 태도가 쉽게 바뀌지 않았다.

덴마크에서 국제학교 다니다 영국으로 유학을 온 가나인 친구가 있었다. 그 친구는 스스로 '9 to 5(9시 출근, 5시 퇴근)'을 정해두고 도서관에 출근하듯이 매일 가서 논문을 준비했다. 꾸준히 그렇게 하루하루를 보내고 있었다. 반면 나는 누구 하나 속박하지 않는 자유의 시간을 막상 스스로 관리할 줄 몰랐다.

'오늘 안 해도 내일 몰아서 하면 되겠지!'

눈에 크게 띄는 차이는 없을 거라 생각했다. 주어진 자유를 지혜롭고 자유롭게 쓰는 방법을 잘 몰랐던 것이다. 결국 나는 논문 제출 기간이 임박해서야 허겁지겁 논문을 써나갔고, 그 결과 논문의 질은 형편이 없었다. 시간을 쓸 줄 몰랐던 나의 참패였다.

시간과 노력은 늘 함께한다. 노력을 하는 만큼 그 시간을 온전히 써야 한다. 우리가 미디어를 통해 성공한 사람들의 이야기를 자주 접하다 보니, 그 부작용으로 마치 그들이 어느 날 갑자기 쉽게 성공한 것으로 착각한다. 그들이 기울인 노력과 투자한 긴 시간은 보이지 않는다. 그저 현재의 성공한 삶을 바라보며 마냥 부러워만 한다. 현재 노력은 하지 않은 채, '언젠가 나도 저렇게 되겠지.' 상상한다.

'인생은 한 방'이라고 한다. 하지만, 그 한 방의 기회를 만들기 위해서는 부단한 노력과 시간이 필요하다. 외국어를 배울 때는 더더욱 그렇다. 어느 날, 번개를 맞고 쓰러진 후 깨어보니 여러 개의 외국어를 아무렇지도 않게 구사하게 된다? 이런 일은 우리에게는 절대 일어나지 않는다. 유창하게 영어를 구사하기 위해서는 오늘도 틈틈이 단어를 외우고, 틈틈이 듣고, 읽고, 말해야 한다. 외국어를 배우는 것이 사소한 일일지라도 노력을 기울여야 한다. 1만 시간의 법칙처럼 매일 똑같아 보이는 노력을 하며, 지난한 시간들을 통과해야 한다.

### 틈새 시간 영어 활동을 기록해보라

그렇다고 하루 종일 영어에만 매달릴 수 없는 것이 우리의 현실이다. 각자가 집중해야 할 공부 또는 생업이 있다. 그러다 보니 하고는 싶지만 막상 할 시간이 없어 못하고 있는 것 중 하나가 영어공부다. 그래도 정

1만 시간의 법칙처럼 매일 똑같아 보이는 노력을 하며,
지난한 시간들을 통과해야 한다.

말 영어를 잘하고 싶은 마음이 간절하다면, 틈새 시간을 노려야 한다. 단 5분, 1분이라도 영어를 접할 수 있는 틈새 시간을 만들어보라. 그리고, 매일 조금씩 영어 실력이 향상되고 있음을 믿어라. 결코 노력은 우리를 배신하지 않는다. 노력으로 얻은 결과는 고스란히 우리의 뇌와 우리의 몸에 새겨진다.

많은 사람들이 영어공부를 중간에 그만두는 이유는 영어 실력이 향상되고 있다는 사실이 눈으로 확인되지 않기 때문이다. 어제도 오늘도 나는 틈틈이 공부하고 있는데 실력은 제자리인 것 같은 생각이 든다. 이런 생각이 지속되다보면 중간에 포기하게 된다. 이럴 때에는 틈틈이 시간을 내어서 공부한 내용을 날짜 별로 기록해보라.

아침 출근 시간 : 오바마 영어 연설 청취 10분

오후 근무 시간 전 : 영어 단어 5개 외움

퇴근 길 지하철에서 : 영어 뉴스 1개 확인

이렇게 짤막하게라도 계속 공부한 내용들을 기록해나가면 된다. 매일 조금씩 기록이 쌓이면, 이 기록들로 내가 얼마나 노력해왔는지를 눈으로 확인할 수 있다. 그만두고 싶거나, 아무것도 나아진 것이 없다는 생각이 들 때마다 들춰보면 된다. 그러면 얼마나 많은 노력을 해왔는지를 알 수 있다. 그리고 '조금만 더' 힘을 내어 앞으로 나아갈 수 있는 원동력이 된다.

### 시간이 없다는 핑계는 그만!

당나라 이백이 어린 시절, 산에서 공부를 하다 지쳐 산을 내려오다 한 노인을 만났다. 그 노인은 도끼를 갈고 있었는데, 도끼로 바늘을 만든다고 했다. 이에 이백이 의아해하면서 어떻게 도끼로 바늘을 만드냐고, 그 노인이 하는 일을 비웃었다. 그러자 노인이 말했다.

'만들 수 있단다. 중간에 그만두지 않는다면.'

여기에서 '마부작침磨斧作針'이라는 한자 성어가 나왔다. 도끼를 갈아 바늘을 만든다는 말이다. 중간에 그만두지만 않는다면, 우리는 무엇이든 이룰 수 있다. 한 번에 너무 많은 것을 하려고 하면 쉽게 지친다. 쉽게 지치면, 결국 그만두게 된다.

틈틈이 꾸준하게 영어를 공부해나가는 것이 지혜로운 방법이다. 아무것도 들리지 않아도, 중간에 그만두지 않는다면 도끼가 바늘이 되는 시간보다 훨씬 더 짧은 시간 안에 영어가 들리게 된다.

한국문화예술위원회에서 세계적인 무대 조명 디자이너, 케빈 아담스를 초청해서 워크숍을 열었던 적이 있다. 당시 나는 케빈 아담스와 한국 문화예술위원회 사이의 커뮤니케이션을 담당하면서 워크숍을 기획했다. 한국에서 무대 조명 디자인을 공부하는 학생들과 종사자들이 모여, 케빈 아담스의 강의를 듣고 조별 과제를 수행하면서 아이디어를 함께 나누고, 케빈 아담스의 조언을 직접 들을 수 있는 좋은 기회였다.

워크숍 마지막에 조별 프로젝트를 발표하는 시간을 가졌다. 주어진 시간 안에 작업을 하느라 밤을 샌 조도 있었다. 매 조마다 발표를 마치면 케빈 아담스가 꼭 하는 질문이 있었다.

"만약 당신에게 하루라는 시간이 더 주어졌다면, 발표한 내용 중 무엇이 크게 달라졌을까?"

생각지도 못한 질문이었다, 참석자들이 시간을 핑계 삼아 포기했던 부분들이 무엇이었을지, 그리고 왜 처음부터 그것을 집중해서 발전시키지 못했는지를 묻는 날카로운 질문이었다.

우리는 너무도 쉽게 '시간이 없어서'라는 핑계를 댄다. 시간이 없기 때문에, 하고 싶은 일도 미루고, 오늘 하려던 취미도 미룬다. 하지만 정말 시간이 없을까? 아니면 시간의 노예로 살기 때문일까?

시간은 만들어내면 낼수록 생겨난다. 영어를 잘하고자 하는 마음이 간절하다면, 틈틈이 시간을 내자. 시간을 지배하는 자가 뜻하는 바를 이룰 수 있다.

## 영어 단어 퍼즐로 놀아볼까요?
### - 어플리케이션 추천(애플 스토어 기준)

1. Word Cross Puzzle

2. Word Scapes

3. Word – Search

4. AlphaBetty Saga

5. Word Jigsaw

6. Word Collapse

7. WordBrain

8. Wordalot

틈이 날 때마다 할 수 있는 것으로 스마트폰 게임만 한 게 없다. 버스를 기다리면서, 지하철에서, 카페에서 음료가 나오기를 기다리면서 틈틈이 할 수 있는 영어 게임으로 단어 퍼즐을 추천한다.

여러 가지 단어를 접할 수 있고, 간단하면서 재미도 있다.

# 05 영어는 공부가 아니라 표현이다

Don't be afraid to give up the good to go for the great.
위대함을 위해 좋은 것을 포기하는 것을 두려워하지 말라.
— John D. Rockefeller 존 D. 록펠러

## 그 누구도 당신의 영어를 평가하지 않는다

영어를 대할 때 마음가짐이 어떠한가? 마음이 무겁고, 이것을 억지로 해내야 하는 일 중의 하나라고 느끼는가? 그렇다면 그냥 책을 덮고 잠시 기분을 전환해보자. 무거운 마음으로 영어에 다가가지 말자. 그것은 영어로부터 더 멀어지게 할 뿐이다.

영어를 공부한다는 생각을 버리고, 한국어가 아닌 다른 언어로 내 생각을 표현하는 방식을 연습한다고 생각하자.

어려서부터 우리는 영어를 공부해야 할 대상으로 바라보았고, 우리를 평가하는 하나의 수단으로 인식해왔다. 영어를 사용할 때의 불편함은 바로 이 평가의 수단으로 영어를 바라보는 데서 시작된다. 내가 영어로 말을 할 때, 상대가 나의 영어 실력을 평가한다고 먼저 인식해버린다. 그래서 떨리고 더더욱 말이 나오지 않는다. 영어는 그저 의사소통을 위한 수단에 불과한데도 말이다. 그리고 막상 말을 할 때, 그 누구도 당신의 영어를 평가하려고 들지 않는다. 당신이 무슨 말을 하고자 하는지 이해하려고 할 뿐이다.

이러한 실제 쓰임과는 달리 평가를 해서 줄을 세워야 하는 우리나라 교육은 영어를 실제로 구사하는 능력과는 동떨어진 평가 방식을 채택해왔다. 그것이 우리의 뼛속에 깊이 남아 트라우마로 작용하는 것이다.

## 세상에 '진짜 영어'는 없다

호주에서 주재원 생활을 한 A씨에게는 아들이 한 명 있다. 그 아들이 4살 때 호주로 발령을 받아 주재원 생활을 시작했고, 기간이 연장되면서 약 8년이 지나 아들이 12살이 되었을 때 한국으로 돌아왔다. A씨는 아들이 학교에서 영어 시험을 만점 받을 것이라 믿어 의심치 않았다. 그런데 아들은 만점을 받지 못했다. 그 이유를 들여다보니, 영어 발음 문제가 종종 출제되고 있었던 것이다. 종이 시험에 출제된 영어 발음 문제의 정답은 아들이 호주에서 익숙하게 들어온 발음과 다른 미국식 발음이 정답이었던 것이다. 그는 농담 삼아 말한다. 외국에서 살다 온 아이들보다 한국에서 영어 유치원에 다니고 학원을 다닌 아이들이 영어 시험을 더 잘 본다고 말이다.

단순히 웃어넘길 사례가 아닌 것 같다. '진짜 영어'라는 것이 존재하는가? 세계에서 약 13억 이상의 인구가 영어를 사용한다고 하는데, 그들은 모두 표준 발음과 '진짜 영어'를 구사하고 있을까? 영어는 사용하는 지역에 따라 그 색깔과 성향이 다르다. 심지어 영국식 영어와 미국식 영어에서도 큰 차이가 있다. 이러한 차이는 설명하지 않은 채, 정답으로 미국식 영어를 고집하고 있다. 그러다 보니 이런 우스운 일도 생긴다.

한국에서 영어를 가르치는 아일랜드에서 온 선생님이 쓰레기통을 'garbage bin'이라고 했더니, 한국인 꼬마가 말했다고 한다.

"선생님, 틀렸어요! 쓰레기통은 trash can이에요!"

정답식 교육에만 치우쳐 있다 보니, 세계에서 사용되는 영어 자체도 다양함을 받아들이지 못하는 것이다. 그것이 역으로 우리가 영어를 사용하는데 큰 걸림돌로 작용하고 있다.

우리 모국어를 생각해보라. 한국어 발음이 시험 문제로 나온다면 다 맞출 자신이 있는가? 경상도에서는 모음 '으' 가 종종 '으'와 '어'사이로 발음이 된다. 그렇다고 우리가 그들에게 '당신은 한국어를 못하시는군요.' 라고 말하지 않는다.

물론 최근에 토익의 듣기 시험에도 다양한 악센트의 영어 문제가 출제되고 있기는 하나, 아직도 우리는 정답식 영어에 갇혀 있다. 그리고 그 정답이 아니면 틀린 영어가 되어 영어에 대한 부담은 한층 더 높아진다.

### 중요한 것은 문법이 아니라 실제 사용하는 문장 구조다

영어를 열심히 '공부'하는 우리의 또 다른 특징은 지나치게 문법에 매여 있다는 것이다. 내가 아는 한 부부는 자주 해외로 여행을 다닌다. 아내는 어려서부터 공부를 열심히 했고, 그 중 영어 과목을 상당히 좋아했다고 한다. 반면에 남편은 학교 다닐 때 영어공부를 지독히도 싫어했다. 문법이 싫었다고 한다. 하지만 현지에서 영어를 아무런 거리낌 없이 사용하는 사람은 남편이라고 한다. 아내가 말하기를, 자신은 영어를 사용하려고 할 때마다 머릿속에서 이 문장이 제대로 된, 정확한 문법인지 아닌지를 스캐닝한다고 한다.

그러다 보니 말하려는 순간을 놓친다고 했다. 그러나 남편은 영어 문장이 맞든 틀리든 일단 말을 하고 본다. 그런데 오히려 틀린 문장이라도 말을 하는 남편은 외국인들과 농담도 주고받고 의사 소통을 하는 반면 자신은 그런 남편 옆에서 남편이 하는 문장에 무엇이 틀렸고, 어떤 문법을 사용해야 했고, 어떤 단어를 사용했어야 더 적절했는지 분석하고 있다고 했다. 학교 다닐 때, 영어 과목 점수는 아내가 높았을지언정 실제 활용도는 남편이 더 우수한 사례다.

문법을 그냥 죽은 문법으로 바라보지 말라. 중요한 것은 실제로 사용하는 영어에서의 문장 구조다. 이를 설명한 것이 문법인데 영어를 공부로 접근하다 보면, 실제 문장 구조를 파악하기 전에 문법 안에서 사용되는 용어에 먼저 질려버린다. '접속사', '전치사', '과거분사', '부정사' 등 문법을 설명하고자 사용하는 용어에 사로잡혀서 실제 문장 구조는 보이지 않는다. 그렇기 때문에 영어가 쉽사리 입에서 나오지 않는 것이다.

### 시험 성적보다 중요한 건 나를 표현할 줄 아는 한마디

우리는 자꾸만 영어를 공부의 대상으로 바라본다. 그래서 영어를 할 때 틀렸는지 맞았는지 먼저 체크한다. 그렇게 해서 완벽한 문장을 머릿속에서 만들어내려고 노력한다. 하지만 그렇게 노력한들, 그 문장이 정확하게 입으로 나오기까지는 수천 년이 걸린다.

유럽에서 일을 할 때 영어를 모국어로 사용하지 않는 나라의 사람들과 업무를 자주 진행했다. 유럽 사람들은 지리적 요건 때문인지 최소 3개 국어 이상은 자유자재로 구사했다. 그들에게 영어를 어떻게 배웠냐고 물어보면 대다수가 학교 다닐 때 배운 것이 전부라고 한다. 그들의 영어는 말하기에 초점이 맞추어져 있다. 영어를 의사소통을 위한 수단으로 생각한다. 문법 용어를 배우기 이전에 나의 의사를 표현하는 법을 먼저 배운다. 시험도 어떤 상황이 주어지면 그 상황 안에서 선생님과 영어로 대화를 만들어나가고 그것을 바탕으로 채점이 이루어진다.

　　언어는 글이 먼저가 아니라 말이 먼저였다. 글을 못 쓰더라도 말은 한다. 그리고 우리가 모국어를 구사할 때를 생각해보면 얼마나 정확하게 문법에 맞추어서 말을 하는가? 한국어는 문법 구조가 맞지 않아도 소통이 되는 언어라고들 하지만, 소통 자체가 말을 할 때 문자로 표현되는 언어적 요소는 30% 정도이고, 나머지 70%는 그 상황에서 활자화되지 않는 비언어적 요소들이 작용한다. 그런데도 공부로 영어를 접근하다 보니, 문자적 요소에만 매여서 아무 말도 못하는 상황이 벌어진다.

　　영어를 자꾸 공부하려고만 하지 말라. 영어를 배우는 최종적인 목적은 시험 점수를 획득하는 것이 아니다. 영어로 상대와 의사소통하기 위함임을 명심하라. 영어는 내 마음을 표현할 수 있는 수단이지, 결코 만점을 받아야만 하는 과목이 아니다. 설령 만점을 받았다 하더라도, 정작 실생활에서는 만점 받는 과목으로서의 영어보다는 의사 표현이 가능한 한마디의 영어가 더 필요하다.

# 다양한 표현 만들기

사람들은 언어를 사용하면서 새롭게 말을 만들어내기도 한다. 우리도 친구들끼리 '희정스럽다,' '혜교스럽다'라는 식으로 친구 이름을 붙여서 그 친구의 특징이 나타나는 것을 표현하곤 하다. 이것을 영어로 말을 할 때에는, 이름 뒤에 'esque'를 붙이면 된다.

kafkaesque

무슨 의미일까?

kafka(카프카) + esque(~스럽다)

'카프카스럽다'라는 말을 나타낸다. 'kafka'는 우리가 잘 알고 있는 소설 『변신』을 쓴 프란츠 카프카이다. 'esque'는 '스러운~', '~적인', '~식의'라는 표현이다. 카프카가 사회의 부조리에 대해서 암울하고 어두운 소설을 많이 쓰다 보니, '카프카스럽다'라는 말은 곧 암울하고 침울한, 무언가 부조리함을 표현할 때 사용된다.

# 06 원어민 발음 콤플렉스에서 벗어나라

Our greatest glory is not in never falling,
but in rising every time we fall.
가장 큰 영광은 한 번도 실패하지 않는 것이 아니라,
실패할 때마다 다시 일어서는 데에 있다.
– Confucius 공자

### 피할 수 없는 문제는 맞서 싸워라

나는 어려서부터 외모 콤플렉스가 심했다. 까무잡잡한 피부에 보통 우리가 말하는 예쁜 얼굴이 아니었다. 주변의 착한 친구들이 '매력적이다.'라고는 해도 예쁘다는 말은 하지 않았다. 나는 예쁘고 싶었지만 예쁘다는 말을 듣지 못했다. 그래서 외모는 내 콤플렉스가 되었다. 이 콤플렉스는 서른이 넘어서 극복할 수 있었다. 아주 특별한 방법으로, 아무도 상상하지 못한 방법으로 말이다.

사실 나는 영화배우를 꿈꿨다. 그러다가 서른이 넘어서 첫 번째 직장을 그만두고 지금까지 꿈만 꿨던 일들을 모두 해보기로 했다. 그중 하나가 영화배우 되기였다. 나는 틈이 날 때마다 오디션을 보러 갔다. 부산에서 자란 것이 뭐가 특별할까 싶었는데, 특기란에 부산 사투리를 쓸 수 있었다. 특기란에는 영어도 썼다. 그랬더니 영어를 하는 배역에서 주로 오디션 기회가 생겼다. 언제나 외모 콤플렉스가 있었던 나는 예뻐야 배역을 따낼 수 있다고 생각했다. 왜냐하면 우리가 TV에서 보는 여배우들은 모두 예쁘니까. 그래서 오디션장에 갈 때마다 최대한 꾸미고 갔다. 늘 풀 메이크업에 헤어까지 세팅하고 오디션장을 찾았다. 그러나 번번이 떨어졌다. 모자란 연기 실력과 외모 때문이라고 생각했다.

그러던 어느 날, 해외 영화사에서 한국 현지 촬영으로 한국인을 캐스팅하는 오디션이 있었다. 그날도 나는 어김없이 풀 메이크업으로 오디션장에 나타났다. 대사를 소화해내고, 이런 저런 연기를 선보였다. 오디션이 끝나고 앉아 있던 캐스팅 감독님이 말했다.

"혹시 다음번에 오디션을 볼 때는 메이크업을 하지 않고 올 수 있겠어요? 우리는 있는 그대로의 모습이 보고 싶거든요. 그 모습에서 우리 영화 콘셉트에 맞게 캐릭터를 창조해낼 수 있을지 보고 싶어요. 하얀 도화지 같은 개념으로 말이에요."

영어가 콤플렉스라고 말하는 사람들이 꽤 있다.
그들의 이야기를 가만히 들어보면,
자신만의 관념에 갇혀 스스로가 콤플렉스라고 말한다.

그제야 알았다. 캐릭터에 맞느냐 안 맞느냐의 문제였지, 얼마나 내가 예뻐 보이느냐는 전혀 중요하지 않다는 사실을. 내가 참으로 어리석었다는 생각이 들었다. 비로소 연기력과 미친 존재감으로 빛나는 배우들이 보이기 시작했다. 모두 적재적소에 필요한 인물들이었지, 외모가 전부는 아니었다.

이후, 싱가포르에서도 나는 심심할 때마다 오디션을 보러 갔다. 돈이 드는 것도 아니어서 편한 마음으로 다녔다. 예뻐 보일 필요가 없었다. 있는 그대로의 감정을 내가 표현해내면 된다는 생각으로 다녔다. 떨어질 때마다 '내게 맞는 배역이 아닌가 보다.'라고 생각했다.

그러던 어느 날, 더운 날씨에도 맛있는 음식점 앞에서 식사를 하기 위해 줄을 서 있는 한 사람을 표현하는 역할에 오디션을 보게 되었다. 외모는 더 이상 나의 콤플렉스가 아니었다. 내가 그 감정을 그 캐릭터에 맞게 오롯이 표현하는지가 문제였다. 해냈다. 내 생애 첫 광고를 싱가포르에서 촬영했다. 실제 이야기다. 이제 나는 더 이상 나의 외모에 콤플렉스를 느끼지 않는다.

### 발음 콤플렉스는 영어에 가장 큰 걸림돌이다

영어가 콤플렉스라고 말하는 사람들이 꽤 있다. 그들의 이야기를 가만히 들어보면, 자신만의 관념에 갇혀 스스로가 콤플렉스라고 말한다. 어떤 이는 미국인처럼 버터 바른 발음이 아닌 한국식 발음이 콤플렉스라고 말한다. 그래서 영어를 할 때마다 주춤거린다. 어떤 사람은 문법적으로 정확한 문장을 입으로 내뱉지 못하는 것에서 콤플렉스를 느낀다. 이렇게 만들어진 콤플렉스는 영어를 하는 데 있어 큰 걸림돌이 된다. 무엇을 하든 자신의 영어 탓으로 느껴지고, 영어에 대한 콤플렉스 때문에 더욱 움츠러든다. 자기주장도 명확하게 하지 못한다. 단지 언어가 조금 안 되는 것일 뿐인데, 생각하는 주도권마저도 소위 '영어를 잘하는 사람'에게 빼앗겨 버리는 경우가 허다하다.

영어 발음이 원어민 발음이 아니라는 것은 그 사람이 영어 이외의 다른 언어를 유창하게 한다는 뜻이다. 결코 기가 죽을 일이 아니다. 프랑스에서 프랑스어학원을 잠시 다닌 적이 있다. 그때 우리 반에서 가장 발음이 안 좋았던 사람은 미국인이었다. 미국 특유의 'r' 발음 때문에 죽었다 깨어나도 프랑스식 'R' 발음을 끝끝내 하지 못했다. 미국인은 영어를 모국어로 사용해서 발음으로 부끄러울 일이 없을 것이라는 생각을 하는데, 영어가 아닌 다른 언어의 관점에서 보면 미국인은 프랑스어를 배울 때 결코 좋은 발음 구조를 가지고 있지 않다. 한국인이 영어를 배울 때와 크게 다르지 않다. 각 언어마다 자주 사용하는 근육과 발성법이 다르다.

### 한국인은 한국식 영어하는 게 당연하다

영국에서 영어를 할 때 나는 당당했다. 영국식 발음과 악센트를 가지고 있지 않았지만, 오히려 그래서 더 당당했다. 영어에도 사투리가 존재한다. 우리가 축구와 비틀즈로 잘 알고 있는 리버풀 지역의 사투리는 영국 사람들도 서로 잘 못 알아듣는 경우가 많다.

대학 다닐 때, 리버풀에서 온 친구가 있었다. 처음 이 친구와 대화를 할 때, 내가 거의 못 알아들었다. 내 얼굴은 붉어졌고, 계속해서 되물었다.

"Sorry, can you say again, please?"
미안해, 다시 말해줄래?

그 친구가 나에게 말했다.

"네가 문제가 아니라, 내 사투리가 문제야. 영국 친구들도 잘 못 알아들어."

영국에서 두 번째로 큰 도시인 버밍햄에서는 자신들의 사투리를 'brummie'라고 한다. 이들 역시 내가 못 알아들어도 다른 지역에 사는 영국 사람들도 잘 못 알아듣는다고 웃으며 말한다. 그러면서 내게 말한다.

"너는 한국 사람인데 미국 악센트가 있구나. 신기해!"

영국인들에게 한국인이 한국식 영어를 하는 것이 지극히 당연하다고 받아들이는 모습에 내가 오히려 더 신기할 따름이었다. 결국 원어민의 발음을 그대로 흉내 낼 수 있어야 한다는 우리의 고정관념이 우리를 움츠러들게 만들고 있다.

문법도 마찬가지다. 언어는 소통의 도구다. 소통하는 데 있어 문제가 될 만큼의 오류가 아닌 정도의 문법은 틀려도 소통은 가능하다. 문법을 공부하지 말라는 이야기가 아니다. 문법적 오류 하나 없이 말을 하려고 하는 콤플렉스를 벗어 던져야 한다.

우리가 만들어낸 영어에 대한 고정관념들이 콤플렉스를 재생산하고 있다. 조금만 다른 시각에서 보면 영어로 소통하는 데 큰 문제가 아닌 것들을 속으로 끙끙 앓고 있는 것이다. 그렇게 만들어진 콤플렉스로, 결국 입을 닫고 만다. 영어 콤플렉스가 또 다른 영어 콤플렉스를 만들어내어 영어와 멀어지고, 영어를 쓰는 상황에서 자신감이 뚝 떨어지게 된다.

하지만 콤플렉스를 없애는 방법은 간단하다. 열심히 연습해서 원어민 발음을 하는 것이 아니다. 열심히 공부해서 표준 영어를 구사하는 것이 아니다. 내가 바라보는 관점만 바꾸면 된다. 영어를 진정으로 잘하는 것에 대한 나의 관점을 바꾸자. 그러면 이전에 우리가 가지고 있던 콤플렉스는 더 이상 콤플렉스가 아니다.

그러니 제발 쓸데없는 영어 콤플렉스로 입을 닫지 말자.

# 원어민과의 첫 만남, 이것만 기억하라!

### 처음 만났을 때, 'Hi'라는 표현은 피해라!

'Hi.'는 캐주얼한 표현으로 우리나라로 치면 '안녕.'의 느낌에 가깝다. 대신, 'Hello.' 또는 'Good morning', 'Good afternoon', 'Good evening'과 같은 인사가 훨씬 공손한 인사다.

### 상대방이 허락하기 전까지는 이름First name을 부르지 마라!

영어에 존댓말의 표현이 없다고 생각하고 처음부터 친근하게 이름을 부르면 실례가 될 수 있다. 이름은 상대가 허락하기 전까지 부르지 않는 것이 예의다. 특히 영어권 문화가 아닌 다른 문화권의 나라 사람들과의 만남에서는 더더욱 중요시된다. 처음 만났을 때는 Mr. OO, Ms.OO 또는 Dr. OO 등으로 이름이 아닌 성을 불러라.

### 상대방의 이름은 정확하게 발음해주라!

처음 명함을 주고받을 때, 정확하게 발음하기 힘든 이름들이 있다. 이럴 때에는 명함을 받고 발음을 확인받는 것이 좋다. 그리고 이후에 부를 때에도 정확한 발음으로 상대를 불러주는 것이 예의다.

### 공식 행사나 회의에서의 드레스 코드를 지켜라!

유럽에서 일할 때, 공식 행사를 치르면 가장 많은 문의가 드레스코드였다. 비즈니스 석상에서 드레스 코드를 상당히 중요시함을 알 수 있는데, 심지어 하루에 3~4번씩 상황에 맞게 의상을 갈아입는 분들도 있다. 드레스코드 꼭 지키는 것이 좋다! 잘 모를 경우, 주최 측에 항상 확인해 두는 것도 좋은 방법이다.

# 07 문법의 굴레를 벗어던지고 뻔뻔하게 말하라

I don't have to be perfect.
All I have to do is show up and enjoy the messy, imperfect,
and beautiful journey of my life.
It's a trip more wonderful than I could have imagined.
저는 완벽할 필요가 없습니다.
내가 해야 할 일은 엉망이고 완벽하지 않지만
아름다운 삶의 여정을 그대로 보여주고 즐기는 것입니다.
상상 그 이상으로 아주 멋진 여행이 될 것입니다.
– Kerry Washington 케리 워싱턴

### 문법 때문에 긴장해서 인연을 놓치다니!

영국 셰필드 대학교에서 공부하던 그 시절. 내 마음을 뒤흔들어 놓은
사람이 있었으니, 그의 이름은 쌤Sam이었다. 2학년이 되고 처음으로 맞
이하는 세미나였다. 세미나가 열리는 교실을 찾아가 문을 열고 들어가는
순간, 주변이 온통 환하게 빛이 났다. 창문 사이로 햇볕이 내리쬐는 것도
아니었는데 말이다. 정말 환한 빛이었다. 살면서 처음으로 느껴보는 빛
이었다. 그 빛이 어디에서 오는 것인지, 순간 본능적으로 찾기 시작했다.

한 영국 남자아이가 앉아 있었다. 빛은 바로 그곳에서 흘러나오고 있었다.

   그날 이후, 나는 쌤 앓이에 들어갔다. 어딜 가든 쌤만 보였다. 조별 토픽을 정할 때, 쌤이 하는 토픽에 나도 동그라미를 치고, 쌤이랑 같은 조가 되었다. 그렇게라도 얼굴을 보고 싶었다. 온통 쌤, 쌤, 쌤이었다. 하도 내가 난리를 치니, 친구가 도대체 쌤이 누구인지 한 번 얼굴이나 보자고 했다. 강의가 끝나고 친구가 강의실 앞에서 기다렸다. 그리고 쌤을 보았다.

"생각보다 별로 잘생기지 않았는데….”
"아니야. 원석과 같다고나 할까? 다듬으면 정말 멋진 사람이야.”

   그렇게 내 눈에만 특별하게 보이던 쌤이었다. 혼자 쌤 앓이를 하면서 3학년이 되었다. 학사 졸업 논문 준비로 다들 바쁠 때였다. 논문 주제를 담당 교수님과 논의 하고 나오던 길에 쌤과 마주쳤다. 정말 오랜만에 보았다.

"논문 잘 돼가?”
"응, 그럭저럭.”

"언제 커피나 마시자. 언제 시간 돼?

"응, 그래. 커피 마시자. 다음에."


여기서의 반전! 커피를 마시자고 먼저 제안한 것은 쌤이었다. 하지만, 나는 너무 긴장한 나머지 언제 시간이 되는지 말은 못하고, '다음에.'라는 말만 하고 도망치듯 그 자리를 빠져나왔다. 지금 생각해도 정말 바보 같은 순간이었다. 그 날 이후 나는 쌤을 보지 못했다. 졸업식에서나마 볼 수 있을까 했었지만, 쌤은 졸업식에 나타나지 않았다.


긴장을 하면 아무 것도 안 된다. 몇 날 며칠을 속앓이하며 그토록 얼굴 한 번 보고 싶었던 쌤 앞에서도, 긴장이라는 마왕 앞에서 무릎이 꿇린 셈이다. 긴장만 하지 않았어도 나는 충분히 여유롭게 '지금 시간 돼?'라는 말을 했을 테고, 그 이후 우정을 쌓아가면서 지금까지도 친하게 지낼 수 있지 않았을까 생각한다. 이따금씩.


### 긴장은 실력이 아니라 마음의 문제다

이처럼 긴장은 우리의 적이다. 특히 영어를 잘하고 싶다면 더욱 그렇다. 어느 누구 앞에서도 당당하고 자신 있게 말을 할 수 있어야 한다. 하지만 대다수의 한국 사람들은 '문법'이라는 단어에 자신을 묶어두고, '문법이 틀리면 어떻게 하지?' 하는 생각으로 스스로를 긴장하게 만든다.

얼마 전, TV에서 축구선수 이동국 씨의 아들 시안이가 태국에 있는 국제학교에 가는 모습이 방영되었다. 시안이는 한국에서 영어 유치원에 다니고 있었지만, 그래도 아직은 영어가 많이 서툴렀다. 하지만 시안이가 태국의 국제학교에서 보여준 영어를 대하는 태도만큼은 최고 점수를 주고 싶었다. 거리낌없이 친구들에게 다가가고, 그들에게 말이 되든 안 되든, 급하면 한국어가 섞이더라도 시안이는 영어를 '말 그대로' 자유자재로 구사했다. 틀리고 맞고의 문제가 아니라 자신의 의사를 표현하고자 하는 언어의 본질적인 요소에 충실히 집중했다. 그렇게 시안이는 친구들을 사귀었고, 그들과 소통했다.

한국에서 이제 막 영국으로 온 한국 아이들이 놀이터에서 다른 영국 아이들과 신나게 노는 모습을 자주 보았다. 그들에게 언어는 큰 문제가 아니었다. 한국에서 온 아이도 자신이 영어를 못한다는 사실을 미처 깨닫기도 전에 그들과 섞여서 편안하게 대화를 나눈다. 그렇게 몇 달이 지나면, 영국 아이들만큼 영어를 잘하는 모습을 보게 된다. 물론 아이들은 어른과 달라서 새로운 언어에 대한 습득력이 스펀지와 같다.

하지만 나는 그들이 더 잘할 수 있었던 이유는 바로 거리낌 없는 말하기에 있다고 생각한다. 거리낌 없이 말을 하면서, 혹시 잘못된 문장을 말하게 되더라도 주눅 들지 않고 다른 영국인 친구들이 하는 말을 들으며 따라하고 배워 나간다.

이런 점에서 아이들은 영어를 배울 때의 마음이 어른과 다르다. 틀리면 부끄럽고 그래서 완벽하게 영어를 할 수 있을 때까지 입을 꾹 다무는 어른과 너무도 다르다. 아이들은 설령 틀린 문장이라 할지라도 일단 내뱉는다. 그리고 틀렸다면 다시 수정하면 된다. 하지만 어른들은 틀릴 것 같은, 자신이 없는 영어 문장은 입밖에 내지 않는다. 그러면서 혼자 곱씹고, 집으로 걸어가면서 그제야 후회한다.

'아, 그때 이렇게 말할 걸.'

그리고 그 문장을 한 번도 내뱉어본 적이 없기 때문에 그 말이 통하는지 아닌지도 알 수 없게 되어버린다. 결국 머릿속에서만 맴돌다 사라지는 문장이 되는 것이다. 틀리면 틀리는 대로, 맞으면 맞는 대로 대화를 이어나가면서 그 속에서 배워나가야 하는데, 입을 꾹 다문 채 문법적 오류만을 생각하니 영어가 제대로 될 일이 없다.

편안하게 내뱉으면 되는데, 그것이 좀처럼 쉽지가 않다. 이 모든 것은 결국 마음먹기에 달려 있다. '문법'의 굴레를 벗어 던지고 자유롭게 말하는 것. 이것은 결국 심리의 문제이지 내 영어 실력의 문제가 아니다.

## 당당하게 말하면 문법적 오류는 아무 것도 아니다

자신감을 가져야 한다. 영어는 자신감이다. 내가 얼마나 영어를 잘하느냐에서 오는 자신감이 아니라, 설령 오점투성이인 영어라도 상대에게 나의 의사를 전달할 때의 마음가짐인 것이다. 자신감을 갖고 대화를 나누면 상대도 결코 당신의 잘못된 영어에 뭐라고 하지 못한다. 실제 뭐라고 하는 사람도 없다. 왜냐하면 영어가 우리의 모국어가 아니라는 사실을 그 누구보다도 원어민이 잘 알고 있기 때문이다. 그것은 마치 우리나라에 와서 열심히 한국어를 배우고, 또 유창하게 하는 외국인을 보아도 '외국인이 하는 한국어'라는 것을 금방 아는 것처럼 말이다. 그들을 대할 때, 한국어의 문법적 오류를 따지면서 대화를 나누지 않는다.

우리도 그러한데, 왜 영어라고 다를 것이라는 생각을 하는가? 전혀 그렇지 않다. 영어를 모국어로 구사하는 사람들이야 말로 우리가 저지르는 문법적 오류에 상당히 관대하다. 그리고 문장 내에서 단어의 쓰임, 문법적 오류에 초점을 맞추지 않고 문맥과 상황 안에서 우리의 말을 이해한다. 우리가 외국인이 하는 한국어를 이해하듯이 말이다.

우리나라는 아직도 알게 모르게 영어라는 언어에 대한 열등감이 있는 듯하다. 영어는 외국어임에도 불구하고 영어를 완벽하게 하지 못하면 부끄러워한다. 전혀 부끄러울 일이 아닌데도 말이다. 오히려 외국어로 소통하려고 하는 시도와 그 용기가 박수 받을 만한데도, 우리는 부끄러워한다. 백인이라고 해서 모두 영어를 하지 않는다는 것을 알면서, 한국인은 한국어를 하는 것이 당연한데도 자신이 영어로 말하는 것이 당연하다고 생각한다. 그래서 영어를 완벽하게 해야 한다고 생각한다. 그래서 백인이지만 영어권의 사람이 아닌 나라의 사람들이 영어를 잘 못하는 모습에 놀라기도 한다.

### 완벽한 문법을 구사하지 못한다고 움츠러들지 말자

지인 중 한 분은 영국 남성과 결혼해서 아이 셋을 낳았다. 영국인 남편이 한국에서 한국 전통 음악을 전공했다. 공부를 하면서 만나게 된 두 사람은 결혼을 한 후에도 한동안 남편의 일 때문에 한국에서 지냈다. 한국에서 태어난 막내딸이 4살이 될 때까지 한국에서 살았다. 그때까지 막내딸이 보고 자란 백인은 남편뿐이었다. 그리고 남편은 항상 딸과 한국어로 대화했다. 이후 영국으로 삶의 터전을 옮긴 이들이 남편의 어머니, 그러니까 막내딸의 할머니를 만났다. 막내딸은 아무런 거리낌 없이 할머니에게 한국어로 말을 했다고 한다. 막내딸이 볼 때는 같은 백인이니 당연히 할머니도 한국어를 할 것이라고 생각한 것이다. 막상 할머니가 한국어를 못하자, 막내딸은 오히려 할머니에게 "왜 할머니는 한국어를 못해?"라며 의아해했다고 한다.

언어는 상대적인 것이다. 절대적으로 완벽하게 잘해야 하는 언어는 존재하지 않는다. 각자의 사람에게는 자신의 모국어가 있다. 그 외에는 모두 외국어일 뿐이다. 외국어로 말을 할 때, 문법 조금 틀린다고 해서 누구 하나 손가락질할 사람은 없다.

완벽한 문법을 구사하지 못한다고 움츠러들지 말라.

좀 틀리면 어떤가? 그리고 말을 내뱉으면서 틀린 영어는 자신이 꼭 한 번 돌아 보게 되어 있다. 그렇게 실수하면서 배운 것은 쉽게 잊혀지지 않는다. 유창하지 않다고 자꾸 말을 안 하면, 유창해질 기회조차 스스로 없애 버리는 것이다. 그러니, 문법에 스스로를 너무 가두지 말자. 좀 틀리면 어떤가!

## 흔히 저지르는 문법 오류 두 가지

① "아, 지겨워!"


"I am boring." (X)

"I am bored." (O)


'I am boring.'은 '나는 지겨운 사람이야.'라는 뜻이다. boring 대신에 bored를 사용해주어야 내가 어떤 이유로 지겹게 된 상황, 즉 ' 아, 지겨워!'가 된다. 비슷한 유형으로는 tiring / tired 표현이 있다.


② "빠를 수록 좋아요."


"The sooner is the better." (X)

"The sooner, the better." (O)

# 3장

# 영어로 생각하는 원어민 뇌를 만들어라

# 01 당신의 뇌를 영어 모드로 전환하라

You gain strength, courage, and confidence by every experience
in which you really stop to look fear in the face.
You must do the thing you think you cannot do.
멈춰서 두려움에 떨게 만드는 모든 경험을 통해
강인함, 용기, 자신감을 얻는다.
할 수 없다고 생각되는 일을 하라.
– Eleanor Roosevelt 엘리노어 루즈벨트

### 중요한 것을 먼저 생각하라

국제 컨퍼런스나 행사에서 사회를 볼 때, 간혹 영어가 아니라 영어와 한국어를 둘 다 사용해서 사회를 봐달라는 제의가 들어온다. 한국어로 한 말을 영어로 다시 하면서 사회를 보게 된다. 보통 주변에서 영어로만 행사 전체를 진행하는 것이 더 힘들지 않느냐고들 많이 묻는데, 실은 영어로만 진행하는 것이 훨씬 수월하다. 영어와 한국어를 한 문장 또는 한 문단씩 번갈아 가면서 사용하면 나의 뇌도 영어와 한국어로 스위치를 바꿔 가면서 진행해야 하기 때문에 에너지 소모가 훨씬 많다. 두 언어가 가진 특징과 발음의 성격, 발성의 위치가 너무도 다르기 때문이다.

영어를 잘하려면 우선 자신의 뇌를 영어 모드로 전환해야 한다. 영어를 잘하기 위한 최적의 상태로 만드는 것이다.

먼저 한국어와 영어를 사용할 때 사고방식의 전환이 필요하다. '한국어는 끝까지 들어봐야 안다.'라는 말이 있다. 한국에서는 대체로 미괄식을 선호하는 경향이 짙다. 결론을 알 수 없게 하여 더 이야기에 집중하게 만드는 효과를 발휘하기도 한다. 이는 하나의 문장에서도 드러난다. 주체가 결국 무엇을 했는지는 가장 마지막에 나온다. 그래서 한국어는 끝까지 들어봐야 안다.

영어권에서는 두괄식을 선호한다. 에세이를 작성할 때에도 본론에 내가 쓰고자 하는 내용을 서론에서 먼저 서술하라고 가르친다. 그리고 본론에서는 서론에서 서술하겠다고 한 내용만을 채우고, 이후 결론은 이를 다시 한 번 요약하거나 강조하고 싶은 부분을 강조한다. 결론에서 새로운 정보가 나오면 안 된다. 서론에서 서술하겠다고 한 범위 내에서만 이야기를 풀어나가도록 권장한다. 영어 프레젠테이션에서도 항상 프레젠테이션 첫 부분에 오늘 자신이 할 얘기가 무엇인지 꼭 말을 하고 시작한다. 이는 영어 문장에서도 특징으로 나타난다. 영어에서는 문장의 주체가 무엇을 했는지에 대한 결론이 먼저 나온다.

예를 들어 데이비드와 사과가 있다고 하자. 예를 들어 한국어 문장은 데이비드가 무엇을 했는지 바로 나오지 않는다.

"데이비드가 사과를…"

사과를 먹었는지, 잘랐는지 끝까지 들어봐야 알 수 있다. 반면에 영어는 바로 나온다.

"David ate…"

데이비드는 먹었다. 무엇을? 사과를.

데이비드가 한 행동이 바로 나온다. 이것이 한국어와 영어의 큰 차이점이다. 이 차이점을 머릿속에 각인시켜 둘 필요가 있다. 영어로 말을 할 때에는 주어에 해당하는 주체가 무엇을 했는지가 주어 다음에 바로 서술된다는 사실을 알면 영어로 말을 할 때에도 우물쭈물하게 되지 않는다. 바로 내뱉으면 된다.

"David went…"

데이비드는 갔다. 어디로? 학교school로!

"David went to school."

주어와 동사가 바로 나오게 머릿속을 세팅하고, 동사에 맞추어 다음 정보에 대한 질문을 계속 해라. 그러면 문장이 만들어진다.

'read'라는 동사를 생각해보자.

"David reads⋯"
데이비드는 읽는다. 무엇을? 신문news paper을!
"David reads news paper."

또 하나 보자.

"David slept⋯"
데이비드는 잤다. 어디서? 집home에서!
"David slept at home."

이 경우는 굳이 추가 정보에 대한 질문이 없어도 말이 된다. 이러한 경우를 자동사라는 표현을 쓰는데, 이 책에서는 문법에 대한 용어는 집어 치우기로 하자. 대신 말을 할 때 우리가 스스로 질문을 하면서 문장을 덧붙여나갈 수는 있다는 점을 기억하자.

## 영어 단어 뜻을 영어로 생각하라

두 번째로, 영어를 영어로 생각하는 습관을 기르자. 우리가 흔히 저지르는 실수 중에 하나로 한국어의 단어와 영어를 꼭 일대일로 매칭하려고 한다. 하나의 단어에 하나로 설명되는 단어를 외웠기 때문이다. 그래서 그 단어가 생각이 안 나면, 말문이 막혀버린다. 이제는 달라지자. 정확한 단어가 떠오르지 않으면, 그 단어를 설명하려는 습관을 기르자. 예를 들어 건축가는 'architect'로 외운다. 누군가가 물었다고 해보자.

"What does your father do?"
아버지 뭐하시니?

아버지가 건축가인데 'architect'라는 단어가 떠오르지 않는다면, 이를 다른 말로 설명해보자. 건축가는 집이나 건물을 디자인하는 일을 한다. 이를 영어로 표현하면 된다.

"He designs houses and buildings."
그는 집과 건물을 디자인해요.

그러면 상대의 머릿속에 'architect'가 떠오를 것이다. 이렇게 단어 하나를 두고 다른 말로 표현하는 것을 연습해보라. 스스로의 표현력이 풍부해지는 것은 물론, 영어로 창의적인 말들을 만들어낼 수 있게 된다.

영어를 못하기 때문에 가장 먼저 오는 것은 사고의 경직이다. 내가 표현할 수 있는 범위 내에서만 사고하려고 한다. 그래서 단어를 일대일 매칭 형태로 외우고, 이를 적용하려고 하면 결국 내가 외운 단어 범위 내에서만 사고하게 된다. 이를 벗어나기 위해서라도, 일대일 매칭되는 단어를 생각하는 것이 아니라, 딱 떠오르는 단어가 명확하게 없으면, 이를 영어로 풀어서 설명해보는 것이다.

이제부터 영어로 말하기, 영어로 쓰기 등 표현의 문제에 있어서 아래 두 가지 부분을 머릿속에 저장하여 우리의 뇌를 영어 모드로 전환시켜보라.

첫 번째, 두괄식 사고법. 항상 결론을 먼저 말하고 그 결론에 필요한 질문들을 하면서 문장을 길게 만들어나가자.

두 번째, 영어를 영어로 생각하라. 영어 하나하나에 한국어 단어를 매칭시키지 말고, 영어로 떠오르는 단어가 없으면 이를 다르게 표현하는 습관을 들이자. 그렇게 해서 영어의 표현력을 좀 더 풍부하게 할 수 있도록 우리 뇌의 모드를 바꿔보라.

## 02 드라마 · 영화로 표현과 상황을 연결시켜라

To accomplish great things, we must dream as well as act.
위대한 성취를 하려면 행동하는 것뿐만 아니라, 꿈꾸는 것도 반드시 필요하다.
— Anatole France 아나톨 프랑스

### 영어 표현은 상황과 연결해서 기억하라

우리의 기억은 상황과 연결되어 있다. 상황에서 느끼는 우리의 감각들이 기억과 같이 연결되어 있다. 내가 호주를 처음으로 여행 갔던 때가 아마도 중학교 1학년 때였던 것으로 기억한다. 여행을 갔던 정확한 날짜는 떠오르지 않는다. 하지만 내가 여행 갔을 때, 호텔 로비에서 맡았던 어떤 한 여성의 향수 냄새는 내 머릿속에 박혀 있다. 일상에서 그 향이 어떤 향이었냐고 물으면 잘 생각나지 않는다. 설명하기도 힘들다. 그런데 어느 날 불쑥 지나가는 사람에게서 그 향기를 맡게 되면, 내 기억은 기어코 호주 여행에서 첫 날 머물렀던 호텔 로비의 기억을 끄집어낸다. 표현과 상황도 이와 같이 머릿속에 입력해야 한다.

영어로 분위기라는 말을 할 때 사용하는 'ambience'라는 단어가 있다. 이 단어를 나는 그날까지도 전혀 알지 못했다. 나는 당시 독일에서 회사를 다니고 있었다. 내가 담당한 직무 중 하나가 마케팅 커뮤니케이션이었는데, 유럽 및 북아프리카, 이스라엘, 카리브 해안 지역을 포함하여 총 43개 국가를 관할했다. 매년 관할 지역 내, 대리점 또는 지점 대표를 한 자리에 모아서 우리 회사의 비전과 주요 프로젝트 등을 발표하고, 시장 동향 등을 함께 듣고 의견을 나누는 컨퍼런스를 개최하였다. 내가 업무를 맡은 이후, 첫 번째 행사가 헝가리 부다페스트에서 열렸다.

그곳에서 행사 진행을 총괄하면서 동시에, 병행 수입 물품 관련 마케팅 대응 방안에 대한 발표도 하게 되어 있었다. 손님 챙기랴, 발표 준비하랴 정신이 없었다. 물론 팀원들이 각자 자기 자리에서 열심히 해주었기에 물리적 부담은 거의 없었지만 심리적 부담감이 상당히 컸다. 다행히 모든 행사가 순조롭게 마무리 되었고, 마지막 날 저녁 만찬이 진행되었다.

행사를 진행하다 보면 행사의 콘텐츠보다도 머무는 동안 얼마나 편안했는지, 음식이 얼마나 맛있었는지가 전체 행사 평가에 큰 영향을 미친다. 그래서 마지막 저녁 만찬은 메뉴 선택에서부터 장소까지 많이 신경을 쓰게 되었다. 만찬으로 준비한 음식이 헝가리 전통 음식이라, 다양한 나라에서 온 손님들의 입맛에 맞을까부터 분위기, 만찬 중간 진행되는 공연 등 하나하나 신경이 곤두섰다. 만찬이 모두 끝났다. 행사를 준비한 우리 팀과 회사 경영층들이 만찬장을 나가는 문 앞에 서서 한 분 한 분에게 참석해주셔서 감사하다는 인사를 했다.

이 때, 어떤 한 분이 나에게 걸어오더니, 말을 건네는 것이 아닌가!

"I loved the ambience most. Thank you for having us today."
분위기가 너무 좋았어요. 오늘 초대해주셔서 감사해요.

순간 그 날까지 고생했던 마음이 위로받는 듯했다. 그리고 나의 뇌리에 박힌 단어 "ambience." 그 분은 특이하게도 이 단어를 프랑스식으로 발음했다. "앙비앙스." 그 이후로 나는 이 단어를 자주 사용한다. 물론 나도 프랑스식으로 발음한다. 상황에서 절묘하게 습득된 단어의 한 예이다.

지금 바로 보고 싶은 애니메이션 영화 2~3개 정도 골라보자.
내용을 전혀 모르면 더 좋다.

## 들리는 말을 0.5초 내로 따라하라

단어 또는 문장은 상황과 연결 지어 머릿속에 들어왔을 때 기억에 오래 남는다. 책상에 앉아서 단어를 100개 외운들, 상황에서 이해되고 습득한 단어의 기억력을 좇아가지는 못한다. 그렇기 때문에 외국어를 배울 때 드라마나 영화만큼 큰 도움을 주는 미디어 또한 없을 것이다. 드라마나 영화에서는 우리 일상생활에의 다양한 상황들이 묘사된다. 그리고 캐릭터의 표정부터 말투까지 볼 수 있기에, 비록 우리가 직접 경험한 것보다는 다소 임팩트가 떨어지기는 하나 꽤 유용한 공부 도구가 된다.

영국에서 공부할 때, 휴 그랜트와 줄리아 로버츠가 주연한 영화 〈노팅힐〉을 수백 번 보았다는 사람도 있었다. 그 분은 각 장면의 대사를 다 외우고 있었다. 그 정도까지는 필요하지 않을 수도 있지만, 드라마나 영화를 자주 접하면서 상황에 맞는 영어 표현을 습득하는 것은 재미있으면서도 기억에 오래 남길 수 있는 영어공부법 중 하나다.

앞서 말한 것처럼, 영화나 드라마에 나오는 대사를 모두 다 외울 필요는 없다. 대신 섀도잉shadowing을 하면 상당한 학습 효과를 볼 수 있다. 우선, 영화를 볼 때 각 캐릭터의 대사 내용을 해석하려고 하지 말아야 한다. 영어 자막도 넣지 말자. 그냥 있는 그대로, 들리는 그대로 편안하게 들으면 된다. 그러다가 그리 긴 문장은 아니면서 짧지만 귀에 쏙 들어오는 문장이 있다. 그때 0.5초 내로 따라하는 것이다. 들리는 소리를 그대로 따라하면 된다. 그렇게 따라한 문장을 여러 번 반복해서 중얼거리자. 중얼거리다 보면, 단어 하나하나의 스펠링을 얼추 쓸 수 있게 된다. 문장을 조합해보고 모르는 단어는 이때 유사한 스펠링으로라도 찾아보자. 그러면 상황에 맞게 어떤 말을 했는지 알 수 있다.

이 모든 것을 영화를 보다 끊고 진행하지 말고, 영화는 그냥 그대로 흐르게 내버려 두고, 순간 귀에 박혀 섀도잉하게 된 문장은 계속 입으로 중얼거리면 된다. 그리고 영화가 끝난 후, 입에 맴돌고 있는 표현을 확인해 보면 된다.

### 그냥 듣기만 해도 들리지 않던 대사가 들린다

나는 영어 이외에도 일본어와 프랑스어를 공부하는 것을 좋아한다. 그렇다고 책상에 앉아서 공부하지는 않는다. 틈이 날 때마다, 해당 언어의 영화나 드라마를 본다. 프랑스 영화도 종종 챙겨 보지만 일본 영화나 드라마만큼은 아직 많이 보지는 못했다. 감상할 때에는 내가 꼭 알아들어야겠다는 의지는 내려둔 채 본다. 그저 어감과 악센트 등에 관심을 가지면서 그냥 듣는다. 무슨 말을 하는 건지 이해가 안 되어도 그냥 듣는다. 그러다가 어느 한 문장이 뜻은 모르지만 귀에 쏙 박힌다. 그러면 그 문장을 계속 중얼거린다.

이렇게 영화나 드라마를 자주 접하다 보니 일본어를 공부하려고 관련 서적을 펼치면, 일본어가 한결 쉽게 다가온다. 그리고 드라마나 영화의 한 장면에서 표현된 문장들이 쉽게 기억에 남는다.

한 예로 한국에서도 상영되었던 일본 애니메이션 〈너의 이름은〉이란 영화에서도 기억에 남는 대사가 있다. 바로, '키미노 나마에와君の名前は' 이다. 영화의 원제는 〈키미노 나와君の名は〉다. 하지만, 영화에서는 남녀 주인공이 서로의 기억이 희미해 질 즈음에 '키미노 나마에와君の名前は'라 고 외친다. 이 대사가 내 귀에 쏙 들어오면서 나는 바로 섀도잉을 했고 영화가 끝나고 나서 찾아봤다. 이런 식으로 나는 일본어에 조금씩 친숙 하게 다가가고 있다. 영어도 다르지 않다.

영화나 드라마를 고를 때, 시트콤으로 시작하려는 사람들도 있다. 하 지만 영어 실력이 아직 초급에서 중급 정도의 레벨이라면 애니메이션 영 화를 추천한다. 왜냐하면 애니메이션은 사람이 실제로 등장하는 것이 아 니어서 성우 또는 배우들이 더빙을 할 수 밖에 없다. 그 과정에서 만화 캐릭터의 표정과 입 모양이 섬세하지 않기 때문에 정확한 대사 전달을 위해서 성우나 배우들의 발음이 명확하다. 따라서 훨씬 더 쉽게 들리고, 따라 하기도 쉽다.

지금 바로 보고 싶은 애니메이션 영화 2~3개 정도 골라보자. 내용을 전혀 모르면 더 좋다. 하지만 내용을 알아도 지루하지 않게 계속 볼 수 있으면 된다. 처음에는 보이지 않던 장면, 들리지 않던 대사가 다시 보이고 들리기 때문이다. 내용을 공부하듯이 파려고 하지 말자. 그냥 편안하게 보자. 그리고 틈틈이 들리는 문장들은 꼭 섀도잉 하자. 그렇게 우리 뇌가 영어에 익숙해지도록 단련해나가라.

# 따라하기 좋은 영화 추천

### 1. 〈King's Speech 킹스 스피치〉(2010)

톰 후퍼 감독의 영화 〈킹스 스피치〉. 콜린 퍼스 주연으로 영국의 왕, 말더듬이 조지 6세가 명 연설가로 거듭나는 과정을 영화로 만들었다. 명 연설가로 거듭나기 위해 하는 수업 내용들을 우리도 따라 해보면 재미있지 않을까? 얼굴 근육 푸는 법부터 해서 다양한 팁들이 방출된다!

### 2. 〈My Fair Lady 마이 페어 레이디〉(1964)

조지 큐커 감독의 영화 〈마이 페어 레이디〉는 오드리 햅번 주연으로 햅번의 매력을 한껏 느낄 수 있는 작품이다. 런던 하층 계급의 여성을 우아한 귀부인으로 변신시키기 위해서 악센트와 말투 전반을 교정하는 과정이 나온다. 참고로 영국은 런던에서 사용하는 말이 표준어가 아니다. 런던 사투리를 'Cockney accent'라고 한다. 영국은 사회계층에 따라 사용하는 악센트가 다르다. 악센트를 통해 사회 계층을 분류하는 연구도 그만큼 활발하다, 우리가 생각하는 가장 이상적인 표준어라 한다면, 영국에서는 상류층이 사용하는 Queens' English가 있다.

### 3. 〈The Grand Budapest Hotel 그랜드 부다페스트 호텔〉(2014)

웨스 앤더슨 감독의 영화로 랄프 파인즈 주연의 영화다. 랄프 파인즈가 맡은 역인 M.구스타브의 영어 악센트를 눈여겨 볼만하다. 상류계층과 어울리면서 익힌 그의 우아한 영어 악센트를 중점적으로 들어본다면 영화 내용도 흥미롭지만, 그의 악센트를 더 많이 즐길 수 있게 된다!

# 03 영영사전과 유의어 사전으로 어휘력을 늘려라

## 번역하지 말고 처음부터 영어로 생각하라

영어를 빨리 잘하고 싶다면, 영어를 할 때 머릿속에 떠오르는 한국어를 영어로 번역하려고 해서는 안 된다. 영어는 철저하게 영어로 생각하려고 노력해야 한다. 머릿속에서 번역하는 시간과 에너지는 결국 대화를 이어나가지 못하게 하거나, 영어로 자유롭게 말을 하는 데 큰 방해가 된다. 인간이 AI의 통역 또는 번역 기기와 다를 수 있는 차이점이 표현의 일대일 매칭이 아니라, 해당 언어로 사고하면서 해당 언어를 만들어내는 언어 구사 능력이 아닐까?

영어로 생각하기 위해서는 영어와 관련된 모든 것을 영어로 접해야 한다. 심지어 모르는 단어가 나와도 영영사전으로 그 뜻을 찾아봐야 한다는 말이다. 모르는 영어 단어를 요즘에는 스마트폰으로 쉽게 대응되는 한국어를 찾을 수 있지만, 이렇게 해서는 결코 영어가 짧은 시간에 늘 수도 없고, 어휘력도 영영사전을 보면서 공부한 사람들과 나중에 현격한 차이를 보이게 된다.

### 영영사전을 통해 어감의 차이를 익혀라
무엇보다도 단어와 단어 사이의 미묘한 차이들을 파악해내는 능력은 영영사전으로 공부한 사람이 훨씬 뛰어나다. 어감의 차이를 영영사전을 통해 익힐 수 있기 때문이다.

최근에 진행된 한 영어 수업시간에 질문에 대한 답변 거절의 행위에 대해 어떤 단어가 쓰이는 것이 적합한지에 대한 논쟁이 있었다. 이때, 논쟁이 붙은 단어가 response와 answer였는데, 둘 다 '대답, 대응'으로 번역되면서 둘 사이의 미묘한 어감차이가 반영이 되지 않아 오해를 불러일으켰다. 실제로 response와 answer를 영한사전으로 찾아보면, '대답, 대응, 회신'으로 해석이 된다. 이에 답변을 거절한다는 말도 response나,

영어를 빨리 잘하고 싶다면, 영어를 할 때
머릿속에 떠오르는 한국어를 영어로 번역하려고 해서는 안 된다.

answer가 쓰여도 무방하다고 보았다. 반면, 둘 사이의 미묘한 차이를 설명하는 측에서는 답변 자체를 거절하겠다는 말은 답을 실제로 준 것이 아니므로 response로 보아야지 answer는 아니라는 의견이었다. 이 두 단어를 옥스퍼드 영영사전으로 찾아보자.

response

Noun.

1. A verbal or written answer.

2. A reaction to something.

(중략)

answer

Noun.

1. A thing that is said, written, or done as a reaction to a question, statement, or situation.

2. A solution to a problem or dilemma.

(중략)

각 단어의 첫 번째 의미는 서로 의미가 유사하다. 그래서 답변에 대한 거절도 answer가 될 수 있다. 하지만, 그 미묘한 차이는 두 번째 의미 설명에서 볼 수 있다. response는 답변을 거절하는 의사표현이 질문에 대한 반응으로 볼 수 있으나, answer는 문제나 딜레마에 대한 해결책으로서의 답변인 것이다. 따라서 질문에 대한 답변을 거절하겠다는 표현은 response의 한 종류로 볼 수 있지만, 두 번째 의미에 따르면 답변의 거절 표현은 answer가 된다고 보기 힘들다고도 할 수 있다.

이렇듯, 언뜻 같은 단어로 보이지만 단어 사이의 미묘한 어감이 존재한다. 이를 파악하는 능력은 결국 많은 영어를 접하는 것뿐만 아니라, 영영사전을 사용하면서 키워 나갈 수 있다.

### 유의어 사전으로 훨씬 다양하고 적절한 단어를 찾아라

그리고 영영사전을 사용할 때, 습관화하여 같이 찾아봐야 할 것이 유의어 사전이다. 'synonym' 또는 'thesaurus'라고 한다.

한국 사람들이 영어를 배우고, 영어에 대한 평가를 할 때 이런 말을 많이 한다.

"영어는 한국어에 비해 표현이 단순하다. 색상을 표현하는 것도 한 가지밖에 없다."

예를 들어 한국은 붉다, 빨갛다, 불그스름하다 등 여러 가지로 색상 표현이 가능한데, 영어는 그냥 red로만 표현된다는 것이다. 이는 영어공부가 충분하지 않은 상태에서 흔히 하는 착각이다. 이는 영어 단어 뜻을 찾을 때, 유의어를 함께 찾아 본 사람과 아닌 사람의 어휘력이 정말 달라질 수 있음을 단적으로 보여준다. 'red'의 유의어를 찾아보면 다음과 같이 많은 유의어가 나온다.

cardinal, coral, crimson, flaming, glowing, maroon, rose, wine, bittersweet, blooming, blush, brick, burgundy, carmine, cerise, cherry, chestnut, claret, copper, dahlia, fuchsia, garnet, geranium, infrared, magenta, pink, puce, ruby, russet, rust, salmon, sanguine, scarlet, titian, vermilion, bloodshot, florid, flushed, healthy, inflamed, roseate, rosy, rubicund, ruddy, rufescent

붉은 계열의 색상 이름도 있지만, 우리가 말하는 불그스레, 발그레 등의 붉은 기운을 표현하는 단어들도 상당수 찾아볼 수 있다.

유의어 사전은 이 뿐만 아니라 영어로 글을 쓸 때에도 유용하게 쓰인다. 영어권에서는 글을 쓸 때, 같은 단어의 반복적 사용을 피하도록 권한다. 예를 들어, '증가한다'라는 의미로 increase를 앞서 사용했다면, 다음

번 문장에서 또 증가를 표현해야 할 때에는 increase라는 단어 대신 다르게 표현한다. boost, rise, upturn 등 조금씩 그 의미 차이는 있지만, 문맥에 맞게 '증가하다'를 표현하는 다른 단어를 쓴다. 따라서 우리가 영어를 표현할 때, 한국어를 알고 있는 단어 범위 내에서 영어로만 번역하듯 영어를 쓰면, 단순하게 같은 단어만 반복적으로 사용하게 된다. 이 때, 유의어 사전을 찾아보면 훨씬 다양하고 문맥상 적절한 다른 단어를 찾아 쓸 수 있다.

아래는 오일 가격이 급등에 따른 뉴스 기사를 발췌한 내용이다. 오일 가격이 급등한 것에 대해 여러 가지 단어가 쓰였음을 볼 수 있다. 밑줄 친 단어를 보라.

The oil market is on fire once again. On Thursday, crude spiked above $74 a barrel for the first time since late 2014.

The end result: US crude jumped another 1.5% on Thursday and topped $74 a barrel.

"You can't tweet about high oil prices and then apply sanctions on Iran and not expect prices to go higher," said Ben Cook, portfolio manager at BP Capital Fund Advisors. "The oil has to come from somewhere."

It's been a wild stretch for crude. Oil prices rose sharply through the spring, as production collapsed in crisis-riddled Venezuela and traders anticipated Trump's withdrawal of the United States from the Iran nuclear deal. (CNN. 2018. 6. 28)

영어를 제대로 배우기로 결심했다면 영어로 생각하고 영어로 말하는 것을 습관으로 만들자. 그 첫걸음이 바로 영영사전과 유의어 사전을 일상적으로 사용하는 것이다. 스마트폰으로 세상이 정말 좋아졌다. 꼰대처럼 들리지만, 내가 영어를 공부할 때 나는 두꺼운 영영사전과 유의어 사전을 2개씩 들고 다녔다. 이제는 스마트폰 하나로 모두가 해결된다. 환경이 좋아진 만큼 더 열심히 배워보자.

## 영영사전 사이트는 어디서 찾죠?

구글에 'english dictionary'를 검색하면 대표적인 3곳이 아래와 같이 나온다.

1. Dictionary.com www.dictionary.com

2. Oxford Dictionaries en.oxforddictionaries.com

3. Cambridge Dictionary dictionary.cambridge.org

이 중 자신에게 편한 것을 선택하여 보면 된다. 예문도 다양하게 실려 있다. 단어를 찾아서 그 단어가 어떻게 쓰였는지 예문을 통해 표현법을 익히는 것도 좋은 공부 방법이다.

# 04 하루에 15분, 영어 뉴스 하나를 들어라

Courage is only an accumulation of small steps.
용기는 작은 발걸음들이 축적된 것이다.
– George Konrad 조지 콘래드

**뉴스로 정확한 발음과 전달력을 배워라**

하루에 한 번, 영어 뉴스 기사 하나를 골라서 들어라. 그 뉴스 기사만 반복해서 10번만 듣자. 그리고 끝! 그리고 다음 날 또 뉴스 하나를 선정해서 들어라. 어제 들은 후속 기사면 더 좋다. 10번만 반복해서 들어라. 그리고 끝! 다음 날, 뉴스 하나를 또 선정하자. 그리고 다시 10번 반복해서 들어라. 이렇게 3개월을 한 번 해보라!

뉴스를 들으면 좋은 이유 중 하나는 듣기 쉽다는 점이다. 정확한 발음과 효과적인 전달력이 앵커가 갖추어야 하는 자질 중 하나다. 말 그대로 새로운 소식을 전하기 때문에 앵커의 전달력이 아주 중요하다. 그렇기 때문에 어떤 프로그램보다도 뉴스가 쉽게 들린다. 어떤 사람들은 뉴스의 단어들이 어렵다고 말하기도 한다. 하지만 실제로 뉴스에 쓰이는 단어들은 일상에서 자주 쓰이는 단어들이다. 우리나라 뉴스가 어렵게 들리지 않는 것과 마찬가지다. 분야별 전문 용어들이 등장하기는 한다. 하지만, 한 달을 기준으로 하나의 분야에 집중해서 뉴스를 들으면 사용되는 단어들이 반복되기 때문에 쉽게 습득이 된다.

3개월을 꾸준히 실행하기로 마음먹고 시작하더라도, 4일 째 마음이 흔들릴 수도 있다. 오늘 하루만 좀 하지 않고 넘어가도 되지 않을까? 그렇게 하루를 빼 먹고, 또 다음 날도 듣지 않고 넘어간다. 생각보다 시간은 빨리 지나간다. 딱 하루만 쉬려고 했을 뿐인데, 달력을 보니 어느새 일주일이 지나 있다. '나는 안 되나 보다.' 하는 생각이 든다.

그래도 결코 포기하지 말라. 다시 마음먹으면 된다. 다시 시작하면 된다.

작심삼일作心三日이라고 했다. 마음먹은 일이 3일을 못 간다는 말이다.

아무리 굳게 결심해도 3일을 못 간다. 이 정도면 의지박약이라 느껴질 만하다. 하지만, 이 작심삼일도 10번 반복되면 30일을 해내는 셈이 된다. 포기도 내가 하는 거다. 내가 포기하지 않는 이상 다른 사람들이 나를 포기하게 만들 수 없다. 내가 내려놓는 순간이 포기하는 순간이다. 작심삼일이 되어도 좋다. 3일 후 다시 마음먹으면 되니까.

### 하루에 뉴스 하나를 듣는 습관을 길러라

문제는 습관이다. 하루에 뉴스 하나를 듣는 습관을 길러야 한다. 하나의 기사당 브리핑 시간은 1분이 넘지 않는다. 10번을 들어도 넉넉하게 잡아서 15분이면 충분하다. 별다른 공부를 할 필요도 없고, 딕테이션을 따로 할 필요도 없다. 하지만, 그저 듣기만 하는 것인데도, 생각보다 힘이 든다. 습관으로 몸에 배어있지 않아서다.

습관을 만드는 기간은 21일이라고 한다. 생각이 대뇌 피질에서 뇌간까지 가는 데 걸리는 최소 시간이라고 한다. 반복적인 행동을 통해서 시냅스가 형성이 되고, 뇌세포 회로에 의해 기록이 된다. 따라서 반복을 통해 습관을 새롭게 만들 수 있다.

싱가포르에서 만난 언니가 있다. 그 언니는 아이들 교육 때문에 남편은 한국에 두고, 싱가포르에서 기러기 생활을 했다고 한다. 한국에서 자신이 하던 일도 그만두고, 오로지 자식의 교육을 위해서 나와 있었다. 언니에게 우울증세가 나타나기 시작했다고 한다. 괜한 짜증부터 시작해서, 모든 일에 무기력해졌다. 싱가포르에서 자식들만을 바라보면서, 정작 자신은 잊은 채 살고 있는 자신의 모습이 마냥 답답하기만 했다. 그러던 언니가 서서히 변하기 시작했다.

내가 그 언니를 처음 만났을 때에는 매사에 긍정적이었고, 적극적이었다. 언니가 자신의 예전 우울했던 모습을 이야기를 할 때마다 믿기지 않을 정도였다. 그런 변화를 맞이하게 된 계기는 새로운 습관이었다고 했다. 찰스 두히그의 『습관의 힘』이라는 책을 읽고, 큰 감명을 받았다고 했다. 그리고 그 날부터, 저녁에 30분씩 집 주변을 걷는 습관을 들였다고 한다. 날씨가 아무리 더워도 매일 저녁 꾸준히 30분씩 걸었다.

처음에는 더운 날씨에 30분을 걷는 것 자체가 힘들었고, 어떤 날은 나가는 것 자체가 싫기도 했다. 그래도 그냥 나섰다. 30분 산책을 습관으로 길들이고 나니, 산책을 하지 않는 날은 무언가 자신이 삶에서 어떤 큰일을 하지 않은 듯한 느낌까지 받는다고 했다. 산책을 하면서 처음에는 자신을 한탄하는 생각들을 많이 했다고 한다.

'내 인생을 왜 이럴까, 나는 왜 만족하지 못하나……'

온갖 나쁜 생각들이 몰아쳤다고 한다. 하지만 산책하는 날이 거듭될수록 자신이 부둥켜안고 있던 상처들이 하나둘 떠나고, 이제는 걸을 때마다 새로운 아이디어들이 마구 솟구친다고 했다. 언니는 지금 싱가포르에서 자신만의 사업을 시작했다. 그리고 아주 행복하게 잘 살고 있다. 아이들에게도 좋은 엄마이다. 꾸준한 노력으로 만들어진 습관이 언니의 인생이 바꾸어 놓았다. 이처럼 잘 만들어진 좋은 습관은 우리의 삶을 변화시킨다.

## 방해를 뿌리치고 계획을 실행하라

새로운 습관을 하나 만든다는 것은 결코 쉬운 일이 아니다. 하지만, 진심으로 내 삶의 변화를 원한다면 당신은 결단해야 한다. 내가 이것만은 꼭 해내리라 하는 결심이 필요하다. 그리고 그 결심을 실행으로 옮기기 위해서는 용기가 필요하다. 다른 유혹을 물리칠 용기가 필요하다. 무엇인가를 계획하고 실행해 옮기려고 하는 순간 꼭 일이 생긴다. 친구가 전화를 한다든지, 갑자기 약속이 잡힌다든지, 누군가가 부탁을 한다든지, 하는 일들이 마구 생겨난다. 이때마다 이를 차단할 용기가 필요하다. 차단할 용기가 없는 사람들은 마냥 착한 사람 콤플렉스에 빠져, 남들에게 이끌려 다니는 삶을 살게 된다.

용기를 가지고 강해져야만, 자신이 결단한 일을 실행에 옮길 수 있다.

생각해보라. 회사 마치고 다니겠다던 어학 학원들을 왜 매번 1~2번만 가고 못 가게 되었는가? 갑자기 부장님이 불러서 업무를 지시한다. 갑자기 회식이 잡힌다. 자꾸 내가 가장 먼저 하겠다고 정해놓은 일이 우선순위에서 밀리기 시작한다. 우리는 내가 정한 일이기 때문에 가장 쉽게 포기해버리고, 남들의 요구를 우선순위로 받아들인다. 그리고 결국 영어 실력은 제자리를 맴돌게 된다. 슬픈 현실이다.

조금은 못된 사람이 되라. 강해져라. 삶의 주인공은 바로 당신이다. 당신이 당신 삶을 이끌어나가야 한다. 다른 사람에게 당신 삶의 주도권을 빼앗겨서는 안 된다. 주도권을 빼앗겨버리면, 결국 내가 이루고자 하는 일들을 실현하기 어려워진다. 그리고 혼자 패배자의 기분을 안고 우울해진다. 그러지 말라. 당신이 하기로 한 일을 가장 먼저 실행에 옮겨라.

용기를 내라! 반드시!

### 하루 중 15분만이라도 투자하라

영어를 공부하는 데는 많은 걸림돌이 존재한다. 물론 가장 큰 걸림돌은 당신 자신이다. 주변 환경을 영어로 모두 채울 수 있게 만들고, 일정 기간 동안 집중적으로 영어를 보고 듣고, 말할 수 있는 환경이 되어야 한다. 그런데 그 환경을 만들기란 여간해서 쉽지 않다. 나부터 실행에 옮기는데 주저한다. 그리고 주변의 무수한 방해 세력들이 존재한다. 심지어 집에 키우는 강아지마저, 내가 공부를 좀 하려고 하면 놀자고 짖는다.

또한, 현재의 편안함에서 벗어나 새로운 것을 받아들여야 한다는 사실에 무의식적 저항이 일어난다. 이 저항을 이겨내야만 변화를 일으킬 수 있다. 정작 큰 변화도 아니다. 그저 하루 15분 정도의 시간이다. 하루 중 충분히 낼 수 있는 시간이다. 하루 24시간, 총 1,440분 중 15분이다.

이 15분조차 시간을 내기 어려운가? 결코 그렇지 않다.

결국 실행에 옮기고 말겠다는 의지의 문제이고, 용기의 문제다. 충분히 할 수 있다. 이런 작은 실천 하나를 꾸준히 하는 것만으로도 영어 실력은 향상될 수 있다.

# 영어 뉴스 사이트는 어디서 찾죠?

## 한국내 영어 방송사

1. Arirang www.arirang.com

2. TBS tbs.seoul.kr/eFm/index.do

## 영어 뉴스 사이트

1. CNN www.cnn.com

2. BBC www.bbc.co.uk

## 신문사 사이트

1. The Guardian www.guardian.co.uk

2. The New York Times www.nytimes.com

3. The Wall Street Journal www.wsj.com

# 05 하루 3가지, 영어로 감사 일기를 써라

One single grateful thought raised to heaven is the most perfect prayer.
하늘에 감사함을 올리는 것이 가장 완벽한 기도다.
– G.E. Lessing G.E. 레싱

**토크쇼의 여왕 오프라 윈프리를 만든 감사 일기**

한 여성이 있다. 어머니는 미혼모였다. 어머니는 지독한 가난 속에서 낳은 이 여성을 두고 떠났다. 할머니 손에서 자랐다. 14살 때, 사촌 오빠에게 성폭행을 당했다. 그녀의 온 세계가 파괴되는 고통을 느꼈다. 그녀의 어머니처럼, 그녀도 미혼모가 되었다. 하지만, 낳은 아이는 2주 만에 죽었다. 고통이 없는 날이 없었다.

결국 집을 떠났다. 마약에 손을 댔다. 그렇게 고통 속에서 하루하루를 보냈다. 그랬던 그녀가 지금 우리 앞에 우뚝 서 있다. 오프라 윈프리다! 세계적인 토크쇼의 여왕이다. 방송을 하는 많은 사람들의 우상이 되었다. 그녀의 과거와 그녀의 피부색은 그녀가 꿈을 이루는 것을 막을 수 없었다. 그녀의 고통스러운 과거는 그녀가 어떤 일을 하는 데 있어 더 이상 어떤 걸림돌이 되지 않았다. 그녀가 말한다.

감사하라. 더 많은 것에 감사하면 더 좋은 것을 창조해낼 수 있다.

"The more thankful I became, the more my bounty increased. That's because - for sure - what you focus on expands. When you focus on the goodness in life, you create more of it." - Oprah Winfrey

감사 일기를 통해 자신의 삶을 바꾼 위대한 사람, 바로 오프라 윈프리다. 그녀는 유명세를 타기 시작하면서 아주 바쁜 나날을 보냈다고 한다. 바쁜 만큼 돈을 더 많이 벌었고, 그 전의 삶보다 훨씬 윤택한 삶을 살 수 있었다고 한다. 하지만 그 안의 기쁨이 없었다고 고백했다. 그리고 삶의 행복을 느끼지 못할 즈음, 그녀는 감사 일기를 썼다. 감사 일기를 작성하는 것을 가장 중요한 일 중 하나로 생각하고 매일 감사한 부분에 대해 기록을 해 나가기 시작했다고 한다. 그렇게 10년을 쓰고 나니, 그녀는 행복해진 것은 물론 동시에 세상에서 가장 유명한 토크쇼의 여왕이 되어 있었다. 그녀의 아픈 과거도 치유가 되었다.

## 사소하게 쓰는 영어 감사 일기도 큰 힘이 된다!

우리나라에서도 많은 사람들이 감사 일기를 통해 삶에서 기적을 보고 있다. 나 또한 감사하면 감사할수록 더 좋은 일이 일어나고 있음을 몸소 체험하고 있다. 감사는 더 큰 감사를 불러 오고, 더 큰 감사는 결국 내가 꿈을 이루어 나가는 데 큰 원동력이 되어준다. 당장 감사 일기를 시작해 보라. 단, 영어로 감사 일기를 써보라.

감사 일기를 쓰는 방법은 특별하지 않다. 잠자기 전, 하루를 돌아보면서 감사했던 일들을 적을 수도 있고, 매 순간 감사한 것이 떠오를 때마다 바로 기록에 남길 수도 있다. 자신이 원하는 대로 하면 된다. 스마트폰에 남겨도 되고, 언제든 펼쳐 볼 수 있는 노트에 기록해도 좋다. 대신, 틈이 날 때마다 예전에 적은 감사 일기 내용을 읽어볼 수 있는 환경이면 더욱 좋겠다. 삶이 고달파지려고 하는 순간마다 꺼내 보면서 다시 감사로 인한 풍요로움을 느낄 수 있다.

감사 내용은 특별한 일에 대한 감사도 있겠지만, 대체로 일상의 작은 행복에서 오는 감사들로 작성하면 된다. 오프라 윈프리 역시, 감사 일기를 시작한 1996년에 쓴 것을 보면, 대단한 일에 감사한 것은 아니다.

1996년 10월 12일에 오프라 윈프리가 작성한 감사 일기다.


I was grateful for ;

1. A run around Florida's Fisher Island with a slight breeze that kept me cool.

2. Eating cold melon on a bench in the sun.

3. A long and hilarious chat with Gayle about her blind date with Mr. Potato Head.

4. Sorbet in a cone, so sweet that I literally licked my finger.

5. Maya Angelou calling to read me a new poem.


나는 다음 일들에 감사합니다 ;

1. 플로리다 피셔 섬에서 뛸 때, 남실바람이 시원하게 해준 일

2. 시원한 멜론을 태양 아래에서 먹을 수 있었던 일

3. 게일의 감자 머리 씨<sub>미국 속어로 얼간이, 멍청이라는 뜻</sub>와의 소개팅 건에 대해 이야기 나눈 것

4. 콘에 든 셔벗이 너무 달고 맛있어서 손가락을 빨기까지 한 것

5. 마야 안젤로가 전화로 새로운 시를 읊어준 것


일상의 사소한 일들에 감사하면서 그녀가 어떻게 삶을 풍요롭게 만들

어 가는가? 그녀가 힘든 과거를 헤쳐나온 지혜가 엿보이지 않는가!

### 하루 3가지만 영어로 감사하라

『쓰면 이루어지는 감사 일기의 힘』의 저자 애나 김은 자신의 저서를 통해 감사 일기의 진리를 설파한다. 그녀는 IMF 외환위기로 모두가 직장을 구하기 어려워할 때, 마침 한국에 진출한 '캘빈클라인 코리아'에 입사하면서, 감사함으로 하루하루를 보냈다고 한다. 그 결과, 입사 당시 패션과는 거리가 멀었던 그녀가 36살의 나이로 업계 최연소 임원이 되었다.

그녀는 자신의 감사하는 습관으로 성공할 수 있었다고 말한다. '행복하기 때문에 감사하는 것이 아니라 감사하기 때문에 행복하다.'라는 진리를 깨달으면서, 이를 다른 많은 사람들과 나누기 위해 책을 썼다고 한다. 감사하기 때문에 행복하다는 말이 가슴에 와닿는다.

요즘 청년이고, 중장년이고 할 것 없이 모든 세대가 힘들다. 20대 청년들은 고용 절벽 앞에서 좌절하고, 중장년은 자식들을 키우고 노부모를 모셔야 하는 샌드위치 상황에서 신음하고 있다. 노년을 준비하지 못한 노인들은 노년 빈곤에 앞에서 절망하고 있다. 우리 모두에게 어찌 보면 참으로 어두운 시기다.

하루 딱 3가지, 감사한 일을 떠올려보라.
그것을 영어로 작성해보라.

그럼에도 불구하고 꿈을 이루어 나가는 사람들이 있다. 그들은 현재의 환경을 탓하기 전에 감사함으로 긍정의 기운을 불러들인다. 부정적인 생각이 부정적인 기운을 불러 온다는 것을 깨우친 사람들은 감사함으로 어려운 순간들조차 긍정으로 변화시킨다.

내가 만난 한책협 김태광 대표도 그런 대표적인 인물이다. 그 또한 오프라 윈프리 만큼이나 어려운 시절을 보냈다. 생활고를 견디다 못해 아버지가 자살하셨고, 이후 남긴 빚을 갚으면서 책을 써나갔다. 어려운 환경 속에서도 그는 늘 감사했고, 긍정의 기운으로 의식을 확장시켜 나가면서, 책을 썼다. 22년간 200여 권의 책을 썼고, 책을 쓰면서 익힌 노하우를 바탕으로 현재는 500여 명이 넘는 수강생들의 책을 기획하는 일을 하고 있다. 현재는 100억 원대 자산가로서 자신의 사업 영역을 더욱 넓혀나가고 있다. 기적처럼 보이는 일들의 시작은 사소한 일에서의 감사였다고 한다.

성공한 사람들의 감사 일기의 효과에 대한 이야기를 들어보면, 분명 사소한 일에도 감사하는 마음은 큰 기적을 불러일으킨다.

감사한 일을 특별하게 찾을 필요는 없다. 아침에 출근길에 나섰더니 맑은 공기와 풀내음이 나는 것에 대해 감사할 수도 있고, 오늘 날씨가 좋은 것에 대해서 감사할 수도 있다. 작은 일에 감사하다 보면, 자연스럽게 큰일에 감사할 기회가 생긴다. 많이도 필요 없다. 하루 딱 3가지, 감사한 일을 떠올려보라. 그것을 영어로 작성해보라.

물론 늘 그렇듯, 오늘부터 지금 당장 시작하라!

# 06 오늘의 진상 손님, 내일의 영어 고수!

When people tell me something is impossible, I try to prove them wrong.
사람들이 불가능하다고 말할 때, 나는 그들이 틀렸다는 것을 증명하려고 노력한다.
– Richard Branson 리처드 브랜슨

### 더 요구하라, 그리고 더 많이 말하라

"○○ 버거 하나요. 치즈 한 장 추가 해주시고, 베이컨도 얹어주세요. 대신 토마토는 빼주시고요. 아! 할라페뇨 있나요? 있으면 넣어주세요. 마요네즈도 뿌려주시고요!"

저렇게 주문하는 손님이 오면 속으로 이렇게 생각할 수도 있다.

'그냥 주는 대로 먹지.'

하지만 주는 대로 먹는 주문에 필요한 영어는 정말 짧다. 심지어 굳이 영어를 쓰지 않아도 된다. 그림을 가리키거나, 그림마다 붙어 있는 번호를 말하고, 짧게 말하면 된다.

'please.'

이러면 너무나 간단하다. 이런 식의 영어는 휴가 가는 비행기 안에서 5분이면 습득할 수 있다. 그리고 이렇게 하면 앞에서 누누이 말한 것처럼 영어권에서 6개월을 살아도 영어 실력이 늘지 않는 자신을 발견하게 된다.

외국어를 잘하려면, 그 언어로 말을 많이 해야 한다. 말을 많이 하고 싶어 하는 욕구가 강할수록 언어는 빨리 는다. 그리고 내가 돈을 내고 물건을 사거나 서비스를 받는 관계는 내가 말을 많이 할 수 있는 최적의 관계다. 물건이나 서비스를 팔아야 하는 입장에서 좀 더 나의 요구를 들어주는 것이 인지상정이기 때문이다. 그러니 휴가를 떠나든, 출장을 가든 외국에 나갈 기회가 생기면 당신이 할 수 있는 영어를 최대한 많이 하고 오라.

캐나다 어학연수 때 만난 한 한국인 친구는 식당에 가면 항상 딸기 쉐이크를 주문했다. 그리고는 꼭 덧붙여 말했다.

"쉐이크 만들고 컵에 따른 다음에 남는 쉐이크도 다른 잔에 몽땅 주세요!"

식당 측에서 흔쾌히 내어주기도 했으나, 그렇지 않은 곳도 있었다. 그러면 그 친구는 자기 나름의 논리를 펴가면서 끝까지 달라고 했다. 나는 속으로 생각했다.

'참, 진상이다!'

하지만 사실 그 친구는 그렇게 영어 한마디 더 연습하는 기회를 가진 것이다. 남는 쉐이크를 더 먹은 것은 그야말로 덤이다.

영어로 당신의 생각을 표현할 기회를 많이 만들어낼수록 좋다. 상황을 수동적으로 받아들이는 것이 아니라, 상황을 적극적으로 만들어내는 것이다. 와튼 스쿨의 최고 인기 강의로 유명한 스튜어드 다이아몬드의 책 『어떻게 원하는 것을 얻는가』를 보면, 친절하게 어떻게 말할 기회를 만들어내는지 알려준다. 아직 읽어보지 않았다면 구입해서 한번은 정독해보

라. 매 순간을 협상의 무대로 만들어 영어를 더 할 수 있는 기회를 늘리는 기술을 배울 수 있을 것이다.

## 영어를 못한다는 자격지심은 쓰레기통에 쳐박아버려라

해외에서 생활하면서, 이제 막 한국에서 온 분들을 곁에서 지켜 볼 기회가 많았다. 생각보다 많은 한국 사람들이 말을 하는 중간 중간에 'sorry.'라는 말을 많이 한다. 참 재미있는 것이 있다. 한국 사람들은 길을 가다 부딪쳐도 미안하다는 말은 잘 안한다. 하지만 외국 사람들은 지나가다가 살짝 스치기만 해도 'sorry!' 또는 부딪히기 전에 아예 나 좀 지나가겠노라고 'Excuse me!'를 외친다. 그러나 외국 사람들은 업무상 대화를 할 때는, 좀처럼 'sorry!'를 쓰지 않는다. 그렇게 말을 하는 순간 모든 책임이 'sorry!'라고 한 그 사람에게 돌아가기 때문이다. 그런데 한국 사람들은 업무를 하다가도 자신의 부족한 영어 실력 때문에 'sorry!'라는 말을 자주 사용한다.

영어가 모국어가 아니면 모국어에 비해 당연히 표현력이 조금 떨어질 수밖에 없음에도, 무언가를 설명한 후 상대가 못 알아듣는 것 같으면 'sorry, sorry!' 한다. 업무상의 요청이어도, 미안할 상황이 전혀 아니어도 위축되어 있다 보니 업무 성과도 위축된 결과로 나타나는 경우도 종종 있다. 영어를 모국어처럼 사용하지 못한다는 사실 하나만으로 위축된다.

그래서 영어를 사용하다보면 당연한 하는 권리 앞에서도 움츠러들기도 한다. 주문이 잘못 들어가서 주문한 음식과 다른 음식이 나와도 별 말 없이 먹기도 한다. 거스름돈을 적게 받아도 그냥 가버리는 경우도 있다. 자신이 영어가 부족하다고 느끼는 자격지심이 자신의 권리마저 포기하게 만드는 경우다. 그럴 필요가 전혀 없는데도 말이다!

## 영어로 보상을 요구하고, 불만을 제기하라

영국에서 유학할 때, 기숙사에 한 학기를 생활하고 나와 스튜디오 플랫studio flat을 빌려 생활했다. 참고로 영국에서는 아파트라고 하지 않고 플랫flat이라고 한다. 함께 지내는 친구가 있다면 그 친구를 플랫메이트flatmate라고 한다. 스튜디오 플랫은 방이 따로 없는 형태로, 혼자 생활하기에 편리한 곳이다.

나는 마음에 드는 깨끗한 스튜디오 플랫을 빌렸다. 전망도 좋았다. 넓은 테라스가 가장 마음에 들었다. 문제는 테라스로 가는 문의 잠금 장치가 고장이 나 있었다. 내가 입주할 때부터 고장이 나 있었는데 그곳에 사는 동안 한 번도 수리를 받지 못했다. 부동산을 통해서 전화로 여러 번 수리를 요청했지만 확인하고 다시 전화 주겠다는 말만 반복했다. 계약 기간이었던 1년이 다 되어가고, 나는 다른 곳으로 이사하기로 마음먹었다. 그리고 계약을 종료하겠다는 노티스 레터notice letter를 작성하였다.

참고로 영국은 계약 관련 사항은 서면으로 주고받는 것을 기본으로 한다. 언제까지 집을 비우겠다는 노티스 레터를 작성하면서 갑자기 수리되지 않은 문이 떠올랐다. 그래서 이 부분을 적어보기로 했다.

'이 곳에 지내면서 불편했던 사항이 있었다. 테라스의 문 잠금 장치가 이사 올 때부터 고장 나 있었는데, 고쳐달라는 요청에도 불구하고 아직까지 수리되지 않았다. 내가 지내는 동안 나는 테라스의 문이 잠기지 않아 안전상의 불안을 느껴야 했고, 제대로 잠기지도 않아 겨울에는 추위에 떨어야 했다.'

그리고 이에 대한 적절한 보상이 이루어졌으면 한다고 덧붙였다. 밑져야 본전이라고 생각했다. 서면으로 이렇게 나의 불만 사항을 적어서 보냈더니, 부동산 측에서 서면으로 답변이 왔다. 정말 유감이고, 집주인과 상의한 결과 마지막 월세는 받지 않기로 했다는 내용의 회신이었다. 나는 내 생각을 영어로 정리하면서 영어로 글쓰기 연습도 하고, 월세도 내지 않은 일석이조의 효과를 거두었다.

**영어를 잘 못하더라도 까다로운 손님이 되라!**

40대 후반 여성은 남편이 영국으로 주재원 발령이 나서 같이 나와 살게 되었다. 이 분은 영어를 그다지 잘하지 못했다. 하지만 어디에서든 당당했다. 그녀는 움츠러드는 법이 없었다. 식당에서도 당당했고, 쇼핑을 가서도 당당했다. 그리고 그 당당함으로 영어 실력은 다른 사람들에 비해 월등히 빨리 향상되었고, 영국 생활 적응도 남들보다 훨씬 빨랐다. 다른 한국 사람들과 달리, 자신감으로 똘똘 뭉친 그녀에게 물었다.

"당당함은 대체 어디서 나오는 거예요?"
"내 말을 못 알아듣는 것은 물건을 파는 그들의 문제이지 내 문제가 아니라고 생각해."

자신은 영어가 모국어가 아니기 때문에 영어를 잘 못하는 것이 당연하다는 말이다. 그녀의 말이 맞다. 영어를 원어민 수준으로 하지 못한다고 해서, 정신적으로나 사회적으로 위축될 이유는 전혀 없다. 모든 것이 영어를 못하면 부끄럽다는 스스로의 관념에서 비롯되는 것이다. 관점만 바꾸면 세상은 달리 보일 수 있다. 영어를 못한다고 해서 움츠러들 이유도 전혀 없고, 영어를 못한다고 권리를 포기할 이유도 없다. 오히려 못한다면, 영어를 더 많이 사용할 수 있는 상황을 만들어 더 많이 연습해보는 것이 더 중요하다.

이제부터 외국에 가면 여러 가지 음식을 주문해보라. 음식이 서빙되는 순서를 정해서 요청하라. 호텔 체크인을 할 때 방을 바꿔달라고 요청해

무언가를 끊임없이 요구하는 것이 핵심이다.

보라. 물 한 잔을 주문하더라도 레몬을 띄워달라고 하라.

무언가를 끊임없이 요구하는 것이 핵심이다. 물론 당연하다. 아주 진상스럽다! 하지만 이렇게라도 자꾸 당신의 생각을 영어로 표현하는 연습이 필요하다.

갑질은 하지 않되, 조금 까다로운 손님이 되어보라!

# 영어로 진상손님이 되어보자!

카페나 음식점에서 음료나 음식을 주문할 때

재료나 토핑을 추가 혹은 빼고 싶으면


"Can you add some tomatoes?"

토마토 추가 해주시겠어요?


I'd like to have hot chocolate without whipping cream.

휘핑크림 뺀 핫초코 주세요.


달걀프라이의 익힘 정도를 말할 때

호텔에서 셰프가 이렇게 묻는다.


"How would you like your egg?"

달걀 어떻게 해드릴까요?

Sunny side up : 달걀을 뒤집지 않고 한쪽 면만 살짝 익힌 상태

Over easy : 뒤집어서 익히되, 노른자가 거의 익지 않은 상태

Over medium : 뒤집어서 익히되, 반숙인 상태

Over hard : 전체가 완전히 익은 상태


여기서 골고루 골라서 다양하게 대답해보라.

# 07 광고 카피로 유연한 영어를 배워라

> The secret of success is to do the common things uncommonly well.
> 성공의 비결은 평범한 것을 비범하게 잘 해내는 것이다.
> – John D. Rocekfeller 존 D. 록펠러

## 미술 경매 사이트에서도 영어를 배울 수 있다

김환기의 1972년 작품, 붉은 점화 〈3-Ⅱ-72 #220〉이 화제다. 2018년 5월 27일, 홍콩 완차이에서 열린 서울옥션 홍콩 경매에서 100억 원대 최고가 갱신을 목표로 작품을 내 놓았고 85억 3천만 원에 거래 되었다. 김환기의 또 다른 작품인 1973년 작, 푸른 점화 〈고요 5-Ⅳ-73 #310〉는 2017년 4월 케이옥션에서 65억 5000만 원에 팔려 한국 미술품 경매 최고가를 이미 갱신한 바 있다.

세계적인 미술 경매 회사로 소더비Sotheby's와 크리스티Christie's가 있다. 최근 소더비에서 진행한 이탈리아 화가 모딜리아니의 1971년 작품 〈누워있는 나부〉는 우리나라 돈으로 1천 681억 원에 낙찰되면서, 다빈치와 피카소에 이어 역대 경매가 4위를 차지했다. 고미술품이 아닌 현대미술품에서도 그림 하나의 가격이 이처럼 높다 보니 미술 경매에서 낙찰되는 최고가 작품은 늘 화제가 된다.

소더비와 크리스티의 웹 사이트는 영어를 공부할 수 있는 좋은 원천이다. 나는 미술 경매 사이트를 자주 방문하면서, 몰랐던 어휘들을 공부하고 동시에 미술 작품도 감상한다. 경매에 오르는 작품마다 작품 설명이 되어 있는데, 그림을 설명하는 내용들에서 새로운 어휘들을 많이 습득할 수 있다. 그리고 눈으로 그림을 보면서 영어로 된 설명들을 읽어내려가다 보면, 장면을 묘사하는 표현들에 대해 저절로 공부가 된다.

크리스티에서 진행한 지난 5월 15일 자 경매에서 9,537,500달러, 우리나라 돈으로 약 103억 5천 2백만 원에 낙찰된 피카소의 1955년 작, 〈L'Atelier〉를 보면, 그림 속의 장면을 이렇게 묘사하고 있다.

"L'Atelier, dated 28 October 1955, brims with sundry accoutrements of the artist's profession—stacked canvases, an assortment of paint tins and brushes atop a "Van Gogh" chair, a tool box holding some used wine bottles, refilled with oil media and thinners. A Spanish wineskin hanging on the wall betokens the Dionysian impulse in the creative endeavor."

위 문구에서 묘사하는 내용들을 하나하나 따라가면서 그림을 보면, 그 나름의 재미가 있다. 짧으니까 모르는 단어를 찾아가면서 한 번 해보자.

그림에 대한 설명 부분을 'Lot Essay'라고 한다. 그림의 전체적인 묘사와 느낌, 사용한 재료, 작가의 철학, 작품이 완성될 당시의 상황 등을 서술하면서, 그림의 가치를 드러내기 위해 쓰인 다분히 마케팅적인 글이다. 작성자에 따라 그 스타일은 다르지만, 간결하면서도 나름 품위 있게 영어로 서술되어 있다.

이와 관련하여 재미있는 사실이 하나 있다. 통상 미술관에 가서 작품을 감상하다 보면, 종종 작품에 가까이 다가가게 될 때가 있다. 그때마다 '삐' 하는 경고음이 들린다. 그러면 주변에 관리하는 사람이 와서 작품에서 떨어질 것을 요구한다.

하지만 미술 경매 회사에 전시된 작품을 보러 가면, 작품을 가까이에서 볼 수도 있고 액자를 뒤집어 실제 날짜가 어떻게 적혀 있는지 확인까지 가능하다. 왜냐하면 작품을 사는 입장에서는 당연히 확인되어야 할 부분들이기 때문이다.

## 다양한 마케팅 문구로 영어를 유연하게 표현하라

소더비와 크리스티는 미술 작품만을 경매하지 않는다. 건축, 보석, 와인 등 다양한 물품들이 경매로 올라온다. 관심 있는 분야가 있다면, 웹사이트에 회원 등록을 하여 이메일로 경매 관련 뉴스 피드를 받아볼 수도 있다.

모두 영어로 제공되기 때문에, 이 또한 영어에 자신을 노출시키는 데 상당한 도움이 된다. 이메일로 오는 소식들은 받아 보는 사람들이 클릭하여 열어보게끔 제목으로 시선을 끌고자 한다. 따라서 마케팅 문구를 익히는 데에도 상당한 도움이 된다.

"Discover RedBar Crew, A Must-Know community for Watch Collectors and more"

"2 Days Left to Bid in Watches Online and more"

"A Monumental Basquiat Inspired by a Seminal Text and more"

"12 Women Artists Who Rewrote the Rules and more"

이메일로 경매 관련 뉴스 피드를 받아볼 수도 있다.
모두 영어로 제공되기 때문에, 이 또한 영어에 자신을
노출시키는 데 상당한 도움이 된다.

예를 들면 이와 같은 형태이다. 유사하게 〈보그Vogue〉 같은 패션 잡지를 영어로 뉴스 피드를 받으면 더 다양한 마케팅 문구를 볼 수 있다. 예를 들면 아래와 같다.

"Plastic Shoes Are Trending – But Are They Bad for Your Health?"
"What is Fashion Without Naomi Campbell?"

이런 문구들을 접하면 좋은 점은 우리가 학교 교육에서 배운 딱딱한 영어들이 아닌, 자유롭게 만들어진 말들을 접할 수 있다. 우리도 한국어를 할 때, 정해진 틀 안에서 정해진 단어로만 말하지 않는다. 이 문구들에 자주 노출되면, 쉬우면서도 자유롭게 말들을 만들어낼 수 있다는 유연함을 영어에도 쉽게 적용할 수 있게 된다.

영어를 공부하면서 우리가 피해야 할 것 중 하나가 바로 말의 경직성이다. 단어의 일대일 매칭 또는 상황에서 쓰는 문장을 달달 외워서 나오는 경직된 언어들이 오히려 외우지 못한 부분에 대해 말문을 막는다. 평소 편안한 마케팅 문구들도 자주 접하면서 영어의 표현을 유연하게 하려고 노력해보라.

## 미술 경매 작품 설명서 보는 방법

미술 경매 작품 설명서를 볼 때, 주의 깊게 보아야 하는 부분은 'Provenance'라고 하는 작품의 소장 이력이다. 누가 언제 어떻게 이 작품을 소장하게 되었는지에 대한 기록이 나와 있는데, 고작품의 경우 이 부분이 후에 작품의 진위를 알 수 있는 중요한 열쇠가 된다. 특히 세계 1, 2차 대전을 거치면서 소장의 이력이 모호한 작품들이 간혹 있다. 이 경우 도난당한 작품일 수도 있는데, 이런 부분을 파악할 만한 근거가 된다.

그리고 어디에서 전시되었었는지에 대한 설명도 나와 있다. 전시 장소가 유명한 곳일수록 작품의 가치는 더 높게 매겨질 수 있다. 개인이 소장하여 작품을 관리하는 것보다 유명한 미술관 등에 전시되면, 최적의 환경에서 작품이 관리가 되기 때문에 간혹 개인이 소장하더라도 미술관에 전시대여 하는 경우도 많다. 또 살펴 볼만한 곳은 작가의 사인 여부다. 사인이 있는 경우도 있고, 없는 경우도 있지만 있다면 작품이 진품일 확률이 더욱 높기 때문에 작품의 가치를 높게 인정받을 수 있는 요인이다. 본문의 작품도 'signed 'Picasso' (lower left); dated '28.10.55' (on the reverse)'라고 표시되어 있다.

# 4장

# 영어할 수밖에 없는 완벽한 환경을 만들어라

# 01 끊임없이 영어에 노출시켜라

Change is the only constant: hanging on is the only sin.
변화만이 불변한다. 가만히 있는 것은 죄악이다.
— Denise McCluggage 드니스 맥클러기지

**스웨덴의 영어 교육법, 끊임없이 영어에 노출시키는 것**

한 지인은 언니가 미국에 사는데 미국에 한 번도 방문하지 않았다고 한다. 심지어 자신의 친정어머니는 일흔이 넘은 나이에도 미국에 자주 방문하시는데 말이다. 왜 안 가냐고 물어봤더니, 영어 때문에 미국에 가기 싫다고 했다. 영어를 못해서 가는 게 두렵다고…. 영어를 굳이 잘하지 못해도 그냥 가면 되는데, 그게 잘 안 된다고 한다.

영어가 너무 어렵고 싫다고 했다. 그런 그녀에게 딸이 있는데, 딸은 영어를 곧잘 한다. 아직 말을 유창하게 하지는 못하는데, 잘 듣는다고 했다. 자신이 영어를 싫어해서 딸 영어 교육을 어떻게 시켜야 할까 고민이 많았었다고 한다. 자신이 직접 영어로 대화를 해줄 수는 없어서 어렸을 때부터 집에서 영어로 된 만화 영화를 계속 들려주었다고 한다. 그랬더니, 딸은 영어를 곧잘 듣고 이해한다고 했다. 모르는 단어가 대화 속에 섞여 있어도, 일일이 단어 하나하나를 해석하지 않아도, 전체 문맥을 이해하는 실력이 뛰어나다고 했다. 어려서부터 영어에 자주 노출되어 있다 보니 영어가 친숙하게 다가오고, 잘 들리게 된 경우다.

호주 여행을 갔을 때였다. 다윈이라는 도시로 들어가서 리치필드 국립공원Litchfield National Park과 카카두 국립공원Kakadu National Park을 캠핑으로 여행하는 일정이었다. 캠핑장에서 텐트를 치고, 별을 보며 잠자리에 드는 그런 여행이었다. 20여 명 정도가 한 팀이었는데, 유럽 사람들이 많이 있었다. 독일에서 와서 두 달째 호주를 여행하는 독일의 초등학교 교사부터, 덴마크에서 온 가족들, 네덜란드에서 온 커플 등 다양했다.

그중에서도 덴마크에서 온 가족들과 여행하는 동안 대화를 많이 나누었다. 첫째 아들이 15살이었다. 한국어에 관심을 많이 보였다. 태어나서 처음으로 한국어를 들어본다고 했다. 그런 그는 영어를 아주 잘했다. 부모님 두 분도 모두 영어를 잘했다.

영어를 어디서 배웠냐고 물었다. 학교에서 배운 영어가 다라고 했다. 유럽에서, 특히 북유럽 사람들은 영어를 다른 유럽 내 국가보다도 심한 모국어 악센트 없이 잘한다. 경험상 스웨덴 사람들이 특히 잘했다. 그들의 교육 과정에는 특별함이 있었다.

글로벌 교육 기업 'Education First'에서 매년 영어권 국가를 제외한 국가의 영어 능력 평가지수English Proficiency Index를 측정하여 발표한다. 2017년 조사에 따르면, 우리나라는 조사 대상 국가인 80개 국가 중 30위를 차지했다. 이웃나라 일본은 37위이다. 1위는 네덜란드, 2위는 스웨덴이다. 유럽에서 생활할 때에도 네덜란드 사람과 스웨덴 사람들이 다른 유럽 국가에 비해 영어를 잘한다는 것을 피부로 느꼈던 바 있다.

스웨덴은 초등학교 1학년부터 영어 수업이 정규 수업이다. 학생들은 초등학교를 졸업할 때면, 자신의 의사를 자유자재로 표현할 수 있는 수준이 된다고 한다. 스웨덴은 지상파 방송의 60% 이상이 영어 프로그램이고, 스웨덴어의 더빙 없이 자막으로 보여준다고 한다. 어려서부터 자연스럽게 영어를 들을 수 있는 환경이 만들어져 있다. 학교 교육 또한 이중 언어 프로그램을 도입하고 있다고 한다. 학년이 올라감에 따라 영어 과목이 아닌 과목도 영어로 이수할 수 있게 되어 있다. 정부는 영어로 타 교과목을 가르치는 선생님들의 영어 연수를 아낌없이 지원한다고 한다.

특이할 만한 점은 영어를 처음 배울 때부터 영어로 된 원서를 읽고 독후 감을 쓴다고 한다. 자신이 읽은 책에 대해 친구들과 영어로 토론하게 하여 아이들이 직접 영어를 사용할 수 있는 기회를 끊임없이 제공하는 것이다. 그 결과 전 세계에서 영어 능력이 가장 뛰어난 국가 중 한 국가가 되었다. 학생이 주가 되어 영어 수업을 이끌고 학생을 끊임없이 영어에 노출시키는 것, 이것이 스웨덴의 영어 교육이다.

### 한국의 영어 교육, 줄기차게 영어를 외우게 시키는 것

이와는 달리 우리의 영어 교육은 일방적이다. 아직도 선생님이 교단에 서서 가르친다. 문제를 읽고 푼다. 간혹 몇몇 학생을 일으켜 세워 독해를 시키기도 하지만, 영어 수업 시간에 영어를 충분히 사용하는 데는 한계가 있다. 비정상적인 사교육의 열풍으로 공교육에서의 영어 교실은 한 공간 안에서도 학생들의 수준 차이가 존재한다. 그렇다고 수준을 맞추기 위한 노력을 해서 학생들의 실력이 상향 평준화되지도 않는다. 따라가지 못하는 학생들은 낙오자가 되고, 영어에서 점점 멀어질 뿐이다.

결국 12년을 꼬박 영어를 배우고도 영어를 못하는 현실과 마주하고 있다. 하지만 아직도 늦지 않았다. 지금이라도 하면 된다. 이미 스웨덴식 영어 교육에서 힌트를 얻었을 것이다.

TV 채널은 영어 채널에 맞추고, 영어로 만들어진 드라마와 영화를 본다. 영어로 된 원서를 읽고, 독후감을 쓴다. 그리고 함께 영어로 대화를

12년을 꼬박 영어를 배우고도 영어를 못하는 현실과 마주하고 있다.
하지만 아직도 늦지 않았다.

나눌 수 있는 동호회를 찾아간다. 끊임없이 우리 자신을 영어에 노출시켜야 한다. 최근에는 요가나 댄스를 영어로 배울 수 있는 곳도 있다. 찾아가보라. 이왕 배우는 것, 당신을 영어의 바다에 던져보라.

## 영어에 노출시켜 최대한 많이 접하라

가장 쉽게 영어에 나를 노출시키는 또 다른 방법은 음악이다. 음악은 언제 어디서든 틈이 날 때마다 대부분의 사람들이 듣는다. 지하철만 타도, 귀에 이어폰을 꽂고 음악을 듣는 사람들을 흔히 볼 수 있다. 좋아하는 팝송 하나를 선정해서 반복해서 들어보는 것도 좋은 방법이다. 실력에 따라 다르겠지만, 아직 영어가 초보 단계라면 노래를 처음 들었을 때 가사가 다 들리지 않는다. 하지만, 계속 들으면서 들리는 대로 따라서 흥얼흥얼 하다보면 하나씩 들리기 시작한다. 어느 정도 따라 하기가 가능해질 때, 가사를 한번 훑어보면 좋다. '내가 들을 때 이런 말이었던 것 같은데, 뭐지?' 하면서 궁금증을 해결하는 식으로 가사를 보면 기억에 쉽게 남는다.

예전에 영어를 가르치면서 수업을 듣는 사람들에게 크리스티나 아길레라의 〈Beautiful〉이라는 음악을 들려준 적이 있다. 이 노래의 도입 부분에 아주 작게 그리고 빠르게 크리스티나 아길레라가 한마디 한다. 그 말을 들어보라며, 여러 번 들려주었다. '처음에는 그런 소리가 들리나?' 하며 들었다. 10번이고 계속 도입 부분만 재생하면서 들려주었다. 수수

께끼처럼 학생들은 서서히 흥미를 가지기 시작했다. 뭐라고 웅얼거리는 것 같긴 한데…. 살짝 볼륨을 키워줬다. 그랬더니 '도대체 뭐라고 하나?' 하면서 들으려고 노력했다. 초급반이라 쉽게 들리지 않는 모양이었다. 어느 정도 들릴 듯 말 듯 할 때, 학생들에게 알려 주었다.

"Don't look at me."

그제야 학생들이 '아~' 했다. 다시 들려주니 귀에 쏙 들어온다고 했다. 이처럼 노래를 처음에 들을 때, 편안하게 음을 따라 흥얼거리다가, 어떤 한 부분을 집중적으로 알고 싶을 때 그 부분만 반복해서 들어보라. 그리고 어느 정도 알듯 말듯 할 때, 가사를 확인해보라. 그러면 기억에도 잘 남고 귀에 쏙 들어올 것이다.

영어공부에는 왕도가 없다는 말을 많이 한다. 최대한 많이 듣고, 말하고, 쓰고, 읽는 수밖에 없는 것 같다. 그만큼 자신을 영어라는 언어에 많이 노출시켜 최대한 많이 접하는 것이 중요하다. 한국에 있다면, 한국이라는 특성상, 스스로가 그런 환경을 자꾸 만들어내야 한다. 쉽지는 않겠지만, 할 수 있다. 지금도 그 누군가는 그렇게 하면서 영어 실력을 향상시키고 있다.

## 노벨문학상을 받은 밥 딜런의 노래를 들어보자

2016년 노벨문학상 수상자는 가수 밥 딜런Bob Dylan으로, 세계를 깜짝 놀라게 했었다. 당시 미국 대통령인 오바마 전 대통령은 '밥딜런은 내가 가장 좋아하는 시인 중 한 명이다. 노벨문학상을 축하한다. 그는 상을 받을 자격이 충분하다.'고 말했다!

밥 딜런은 전쟁을 반대하고 인권 평등을 주제로한 저항적인 노래들을 많이 불렀는데, 그 중 그의 대표적인 노래가 〈Blowin' in The Wind〉다.

How many roads must a man walk down

Before you call him a man?

사람은 얼마나 많은 길을 걸어봐야 진정한 인생을 깨닫게 될까요?

Yes, 'n' how many seas must a white dove sail

Before she sleeps on the sand?

흰 비둘기는 얼마나 많은 바다 위를 날아봐야

백사장에 편안히 잠들 수 있을까요?

Yes, 'n' how many times must the cannon balls fly

Before they're forever banned?

전쟁의 포화가 얼마나 많이 휩쓸고 나서야

세상에 영원한 평화가 찾아올까요?


The answer, my friends, is blowin' in the wind.

The answer is blowin' in the wind

친구여, 그건 바람만이 알고 있어요. 그건 바람이 대답해줍니다.


How many years can mountain exist

Before it's washed to the sea?

얼마나 많은 세월이 흘러야 높은 산이 씻겨 내려 바다로 흘러갈까요?


Yes, 'n' how many years can some people exit

Before they're allowed to be free?

얼마나 많은 세월이 흘러야

사람들은 진정한 자유를 얻을 수 있을까요?

Yes, 'n' how many times can a man turn his head

Pretending he just doesn't see?

언제까지 고개를 돌려 모르는 척할 수 있을까요?


The answer, my friends, is blowin' in the wind,

The answer is blowin' in the wind

친구여, 그건 바람만이 알고 있어요. 그건 바람이 대답해줍니다.


How many times must a man look up before he can see the sky?

얼마나 많이 올려다보아야 진짜 하늘을 볼 수 있을까요?


Yes, 'n' how many ears must one man have

Before he can hear people cry?

얼마나 오랜 세월을 살아야

다른 사람의 울음소리를 들을 수 있을까요?

Yes, 'n' how many deaths will it takes

Till he knows that too many people have died?

얼마나 많은 사람이 희생되어야

무고한 사람들이 너무 많이 죽었음을 깨달을까요?


The answer, my friends, is blowin' in the wind,

The answer is blowin' in the wind

친구여, 그건 바람만이 알고 있어요. 그건 바람이 대답해줍니다.

# 02 당신의 주변을 영어 환경으로 세팅하라

Time is the coin of your life. It is the only coin you have,
and only you can determine how it will be spent.
Be careful lest you let other people spend it for you.
시간은 인생의 동전이다. 시간은 당신이 가진 유일한 동전이고,
그 동전을 어디에 쓸지는 당신만이 결정할 수 있다.
당신 대신 타인이 그 동전을 써버리지 않도록 주의하라.
— Carl Sandburg 칼 샌드버그

## 싱가포르 사람들은 왜 영어를 잘할까?

싱가포르는 1965년 말레이시아로부터 독립한 국가로, 중국인이 약 77%, 말레이인이 14%, 인도인이 8%다. 말레이시아에서 독립했으니 말레이어가 제1국어가 되어야 하지 않나? 중국인이 과반수 이상 살고 있는 것을 보면 중국어가 제1국어가 되어야 할 것도 같다.

하지만 싱가포르는 4개의 공용어를 공식적으로 채택하고 있다. 영어, 중국어, 말레이어, 타밀어다. 4개의 공용어가 항상 어디든 같이 사용된

다. 집으로 배송되는 국가 정책 설명서도 항상 영어, 중국어, 말레이어, 타밀어로 되어 있다. 신기한 것은 인구 구성을 보면 영어를 모국어로 하는 민족이 기타 외국인 정도일 듯한데, 영어를 공용어로 사용하고 있다. 교육과정을 보면 영어를 제1언어로, 자신의 고유 언어를 제2언어로 하여 2개의 언어를 꼭 이수하도록 되어 있다. 예를 들어 중국인이면, 영어와 중국어를, 인도인이면 영어와 타밀어를 꼭 이수하게 되어 있다.

하지만 생활에서 꼭 영어를 사용해야 하는 것은 아니다. 함께 일했던 싱가포르 사람들을 보면 중국인들은 중국인들과 만났을 때 중국어를 사용했고, 말레이인들은 말레이어로 대화를 했다. 영어는 말 그대로 공용어다. 업무상 필요할 때에 주로 사용하는 듯했다. 그럼에도 불구하고 많은 싱가포르 사람들이 영어가 학교 교육으로 머물지 않고, 자유자재로 통할 수 있게 된 것은 영어가 일상생활에서 늘 접할 수 있는 언어이기 때문일 것이다.

지하철을 타도 영어를 포함한 4개의 공용어로 안내 방송이 나오고, 방송도 언제든 영어로 접할 수 있다. 일상에서 쉽게 접할 수 있는 언어라서 그런지 싱가포르에서는 영어로 누구와도 소통이 가능하다. 그들의 영어를 싱가포르에서 싱글리쉬, 즉 싱가포르 현지화된 영어라고 하지만 그만큼 생활 속에 영어가 녹아 있다.

일상 속에서 영어를 접할 기회를 만들어내라

"Can you press B4, please?"

B4층 눌러 주시겠어요?


나는 우연히 외국인과 함께 엘리베이터를 타면 일부러 구석 뒤쪽으로 몸을 숨긴다. 그리고 영어로 내가 가고자 하는 층수를 외국인에게 눌러 달라고 말한다. 어색하지 않게 영어 한마디 건넬 수 있는 상황을 만드는 것이다. 한국을 찾아오는 외국인이 매년 늘고 있다. 그만큼 외국인을 만날 기회도 많아졌다. 호텔에서 마주치면 휴가 온 그들에게 마음의 여유가 있으니 이런 저런 말을 걸어오기도 한다. 우리가 흔히 알고 있는 날씨가 좋네, 안 좋네 하는 가벼운 대화말이다. 당장 경복궁 근처만 가도 외국인들이 지도를 들고 와서, 한 곳을 손가락으로 가리키며 '여기 어떻게 가야 해요?'라고 영어로 물어 온다.

그러면 또 간단한 회화 연습을 할 수 있는 기회가 생기게 되는 셈이다.


단일 언어를 사용하는 우리나라는 굳이 영어를 공용어로 채택할 필요는 없어 보인다. 하지만 영어를 일상 속에 쉽게 접할 수 있으면 영어를 배우는 데 있어 속도가 좀 더 빨라질 수는 있다. 그래서 스스로 일상 속에서 영어를 접할 수 있는 환경을 만드는 것이 중요하다.

## 당신의 일상 속에 영어를 초대하라

### ① 라디오를 영어 채널로 들어라

영어 채널 라디오를 들어도 좋다. 한국의 tbs eFM 또는 아리랑 국제 방송의 라디오 채널을 들으면 된다. 또는 온라인에 접속해서 해외 라디오 채널을 검색하면, 방송사 해당 웹페이지에서 또는 애플리케이션을 통해서 언제든지 라디오를 들을 수도 있다. 개인적으로는 클래식 음악을 좋아해서 영국 BBC Classic FM을 인터넷을 통해 듣고 있다.

### ② 해외 유명인을 팔로우하라

해외 유명 인사의 블로그를 가입해 두는 것도 영어를 자주 접할 수 있게 하는 좋은 방법이다. 빌 게이츠는 게이츠노트www.gatesnotes.com라는 블로그를 운영하고 있다. 여기에 들어가서 구독 가입을 하면, 빌 게이츠가 블로그에 글을 올릴 때마다 이메일로 알려준다. 이 블로그의 또 다른 장점은 빌 게이츠가 추천하는 도서 목록이 3~4개씩 올라온다는 것이다. 책 제목과 왜 이 책을 읽어보면 좋은지에 대한 빌 게이츠의 생각이 담겨 있다. 그 목록을 내가 앞으로 읽어야 할 영어 원서 리스트로 만들자. 책을 한국에서 구할 수 없으면 아마존에 가서 구하면 된다. 이러한 면에서 지금 우리는 영어를 배우기에 정말 좋은 환경에 살고 있다.

미국에는 유명한 동기부여가들이 많다. 『내 영혼의 닭고기 수프』를 쓴 잭 캔필드Jack Canfield, 『메신저가 되라』의 저자 브랜드 버처드Brendon

Burchard 등은 우리에게도 친숙한 사람들이다. 이 사람들의 인스타그램에 들어가서 팔로우하라. 그러면 매일 삶의 동기를 부여해주는 좋은 글귀들을 영어로 받아 볼 수 있다. 읽으면서 동기도 부여받고, 영어도 접하는 좋은 방법이다.

③ 해외 드라마를 자막 없이 보라

좋아하는 드라마 시리즈를 보는 것도 지속적으로 영어를 접하게 하는 좋은 방법 중 하나다. 재미있는 미국 드라마를 선택해서 자막 없이 볼 것을 권한다. 실전 영어에서 외국인과 대화할 때 눈앞에 자막이 나오지 않는다는 사실을 염두에 두면서 미리 연습해두는 것이다. 내용 조금 파악 못한다고 너무 아쉬워하지 말자. 처음에는 파악하기 어려워도 문맥 안에서 저절로 이해되는 부분도 생기고 무엇보다도 귀에 집중할 수 있다. 자막을 함께 보면 눈에 더 많이 집중하게 되고, 결코 귀에 집중할 수 없다.

## 영어가 일상에 스며들게 하라

영어를 일상에서 사용할 수 있는 영어권 나라에서 사는 것만이 답이 아니다. 앞서 말했듯이 영어권 나라에 산다고 해서 매일 영어를 접하는 것이 아니다. 영어를 사용하는 사람들을 만나러 가야하고 밖을 나가야 영어를 할 수 있다. 그렇게 따지면 내가 있는 장소는 크게 중요하지 않다. 세계화 시대에 살고 있는 우리는 한국에서도 가능하다.

나의 일상 속에 영어를 초대하자.
영어를 자주 접할 수 있는 환경을 세팅하자.
영어가 내 일상에 스며들게 하자.

한국에 있으면서 영어 실력을 향상시키기 어렵다고만 생각하지 말자. 결국 영어권에 있지 않으면 영어를 배울 수 없다는 나의 관념이 만들어 낸 편견일 뿐이다. 지금처럼 영어를 쉽게 접할 수 있는 환경이 갖추어졌던 때는 없었다. 나의 일상 속에 영어를 초대하자. 영어를 자주 접할 수 있는 환경을 세팅하자. 영어가 내 일상에 스며들게 하자.

## 싱가포르에서 영어는 어떤 의미일까?

싱가포르에서 영어는 특별한 의미를 가진다. 우선 각기 다른 언어를 구사하는 민족이 어울려 사는 사회에서 '통합'의 의미를 가진다. 특히 군대 내에서의 서로 다른 언어 사용은 비상시 작전 수행에 있어 커다란 걸림돌로 작용했다고 한다. 그래서 군대 내에서 가장 먼저 영어가 공용어로 사용되었다고 한다.

그 다음으로는 '기회의 평등'을 상징한다. 각기 다른 언어를 사용하는 민족이 모여 사는데, 과거 영국의 식민 지배를 받았던 배경과 중상위 계층의 유학 등으로 영어를 사용하는 계층들이 고위 공무원, 전문직 등으로 훨씬 더 쉽게 진출할 수 있게 되었다고 한다. 이에 정부에서 영어를 특권 계층의 언어가 아닌 모두가 사용할 수 있는 언어로 만들기로 하고, 공용어로 채택하기에 이르렀다고 한다. 영어를 동등한 위치에서 배울 수 있게 하여 기회의 평등을 만들어내고자 한 것이다. 싱가포르는 알다시피 철저한 능력주의meritocracy 사회다. 자신의 능력을 펼치고자 한다면 누구든 어떤 민족이든 그 능력을 펼칠 수 있는 발판을 마련해주어야 한다는 생각이 지배적이다. 따라서 그 출발선은 평등하게 맞춰주어야 한다는 철학이 녹아 있는 언어 정책이라고도 볼 수 있다.

# 03 TV를 영어 채널로 고정시켜라

I believe that if you'll just stand up and go, life will open up for you.
당신이 일어나서 나아갈 때, 삶이 당신을 위해 열린다는 것을 믿는다.
– Tina Turner 티나 터너

### 아는 것도 내 맘대로 들으면 안 들린다!

영국에서 교회를 처음 갔을 때의 일이다. 유학 생활에서의 구심점을 찾고자 교회에 나갔다. 집에서 가까운 교회를 찾아 갔는데, 영국 국교인 성공회 교회였다. 예배는 우리나라 성당에서 지내는 예배와 비슷했다. 한국에서 성당은 아니지만, 간혹 교회를 나간 적이 있던 터라, 이질감이 느껴지지는 않았다. 신부님의 말씀이 끝나고, 옆 사람과 인사를 나누는 시간이 되었다. 평화가 함께 하기를 바란다는 인사를 나누는 시간이다.

'Peace be with you.'

그런데 내 귀에는 그 말이 'Nice to meet you.'로 들렸다. 귀가 먹은 것이다. 왜? 내가 가진 선입견이 나의 귀를 멀게 했다. 처음 만난 사람들이고 그 사람들과 인사를 한다는 나의 선입견에 생소한 'Peace be with you.'가 내 귀에 들어오지 않았다. 특별하게 어려운 말도 아닌데 들리지 않았다. 그 말이 '반갑습니다.'라는 인사로 들렸다. 그래서 나는 주변 사람들과 인사를 나누면서 혼자 계속 'Nice to meet you, too.'를 외쳤다. 후에, 이 이야기를 들은 내 영국인 친구는 박장대소했다.

"Peace be with you." (평화가 함께하기를.)
"Nice to meet you, too." (저도 만나서 반갑습니다.)

꼭 영어뿐만이 아니다. 대화를 할 때 가장 중요한 것은 듣기다. 얼마나 상대의 말을 귀 기울여 잘 듣느냐는 대화의 가장 기본이다. 하지만, 다른 사람의 말에 귀를 기울이기란 좀처럼 쉬운 일이 아니다. 그러니 '경청의 기술'과 같이 잘 듣는 법에 관한 책과 강연이 그렇게 많은 것 아니겠는가!

입은 하나이고 귀가 2개인 이유는 말을 하는 것의 2배로 더 많이 들으라는 뜻이라는 유대인의 격언이 있다. 많이 들어야 한다. 그런데 문제는 사람들은 자신이 듣고 싶어 하는 것만 듣는다는 것이다. 특히, 마음에 여유가 없을 때에는 더더욱 그렇다. 내 생각만으로 가득 차 다른 말들이 좀처럼 들리지 않는다. 아무리 옆에서 조언하고 말해주어도 듣지 않는 경우가 생긴다. 뿐만 아니라 상대의 말에 나만의 해석이 들어가기도, 선택적으로 골라서 듣기도 한다. 한국어로 의사소통할 때도 이러할진대 영어라고 다를까?

### 언제나 영어를 들을 수 있는 환경으로 만들어라

영어를 배우는 단계에서는 더더욱 잘 들어야 한다. 그래야 상대와 대화할 수 있는 능력이 생긴다. 말을 할 수 있다고 혼자서 일방적으로 떠드는 것이 아니지 않은가? 서로가 같이 주고받는 대화에서 나의 회화 실력이 쌓인다. 서로 말을 잘 주고받기 위해서는 먼저 잘 들어야 한다. 이 부분은 영어공부의 기술이라기보다 우리가 일상생활에서 하는 기본적인 의사소통을 잘하기 위한 방법을 더 많이 생각하게 한다. 다른 사람과 소통하는 본질은 영어라고 다르지 않기 때문이다.

어떻게 하면 잘 들을 수 있을까?

앞서 말한 것처럼, 내 생각을 한 단계 내려놓아야 한다. 상대는 내가 원하는 말만을 하지 않는다. 내가 생각지도 못한 주제로 대화를 꺼낼 수도 있다. 만약 상대가 내가 생각하지 못한 부분에 대해 말을 할 때, 내 생각으로 머릿속이 꽉 차 있다면, 그 말은 들리지 않는다. 그러면 소통은 실패한다. 설사 들렸다 하더라도, 내 생각과 맞지 않으면 바로 튕겨 낸다. 상대는 이를 귀신같이 알아차린다. 내 말을 듣고 있지 않거나, 들으려 하지 않는구나 생각하게 된다. 그리고 대화는 그렇게 단절된다.

한국에는 특유의 꼰대 문화가 있다. 나이가 들어가면서 자신만의 생각들로 머릿속이 꽉 차오른다. 그렇게 차오른 머릿속에는 다른 새로운 것이 들어올 틈이 없다. '내 생각이 맞다. 내 경험상 그렇다.'라는 생각으로 꽉 차 있다. 그래서 젊은 세대들의 생각과 행동을 여유롭게 받아들이지 못하고 튕겨 내는 것이다. 튕겨만 내면 다행이다. 꼭 말을 하니 문제다. '우리 때는 안 그랬는데….' 꼰대 특유의 말을 던진다.

누군가와 대화를 할 때에는 머릿속을 잠시 비워라. 그리고 상대를 받아들일 수 있는 여유를 가져라. 그래야 대화가 가능하다. 영어로 대화를 할 때는 더더욱 그렇다. 한국어가 아니기 때문에 나의 생각으로 가득 차 있으면, 아예 처음부터 들리지 않는다. 그러니 내 생각을 내려놓고, 나를 내려놓고 대화에 임할 필요가 있다. 평소에 이를 연습해두는 것도 좋은 방법이다.

혼자 있을 때, 밥을 먹을 때 머릿속을 가볍게 하고 그냥 들을 수 있는 환경을 만드는 것이다. 밥을 먹을 때, TV 채널을 영어 채널로 바꿔놓고 편안한 마음으로 밥을 먹어보자. 마음의 여유가 생기는 만큼 쉽게 더 많이 들린다. 이런 기회를 자주 만들어서 듣기 연습을 하는 것이다.

## TV 속 대화로 영어 대화가 어떻게 진행되는지 익혀라

소통은 사소한 일상 대화에서 시작된다. 처음 보는 사람과도 사소한 대화를 시작할 수 있어야 한다. 물론, 이 부분이 한국 사람에게 가장 취약한 부분이다. 우리는 모르는 사람과는 대화하지 않는다. 이런 면에서 한국 사람들은 어찌 보면 상당히 배타적이다. 심지어 모르는 사람에게 미소조차 건네지 않는다. 아는 사람에게만 정겹다. 그래서 어떤 소속감과 유대감이 형성되지 않은 곳에 가서 사람들을 만나는 자리를 굉장히 힘들어 한다.

하지만, 외국에서 생활하다보면 이런 상황들이 종종 일어난다. 사람들과 교류하고, 서로의 생각을 주고받는 것을 즐기는 문화에서는 더더욱 그렇다. 특별한 소속감이나 유대감이 없어도 경계심 없이 대화를 주고받는다. 해외 생활에서 나이 드신 분들이 해외에 나왔을 때 가장 힘들어 하는 부분이기도 하다. 하우스 파티에 초대되어서 가면, 나를 초대한 호스트 이외에 전부 처음 보는 경우도 종종 있다. 그러면 먼저 다가가서 말을 걸고, 대화를 해야 하는데 쑥스럽기만 한 것이다. 그래서 혼자 와인만 홀

짝홀짝 마시다가 조용히 집에 가는 사람들도 꽤 있다. 새로운 사람들을 만나 새로운 생각들을 서로 나눌 수 있는 좋은 기회인데도 이를 놓친다. 조금만 나를 내려놓으면 쉽게 다가갈 수 있는데도 말이다.

처음 만난 상대와 무슨 대화를 해야 할지, 상대의 말에 어떻게 반응해야 할지 모를 때에는 TV를 보면서 배워라. 미국 드라마를 통해서 배울 수도 있고, 토크쇼를 보면서 배울 수도 있다. 상대의 말에 어떻게 반응하고 어떻게 다음 대화로 넘어가면 좋은지에 대한 대화의 기술을 배우는 것이다. TV를 보면서, 들으면서 말이다. 그리고 상대의 말에 공감할 때에는 어떤 영어 표현을 쓰는지, 무례하지 않게 사적인 질문을 던질 때에는 또 어떻게 접근하는지 등을 배울 수 있다. 이렇게 들으면서 배운 대화 내용을 다른 사람에게 직접 사용해보라.

당장 대화 상대가 없다고 해서 복습할 수 없는 것은 아니다. 혼자서 말을 주고받아 보면 된다. 내가 인터뷰어interviewer가 되었다가 인터뷰이 interviewee가 되면 된다. 혼자서 설정을 하면 된다. 내가 유명한 영화배우 중 누구라고 생각을 하고, 이 사람이 한국을 방문했다고 가정해보자. 그리고 혼자서 인사하고 질문하는 것이다. 그렇게 5분 이상 대화를 이끌어 나가는 연습을 해보자. 생각보다 재미있고, 또 생각보다 쉽지 않다. 곳곳에서 말문이 막힌다. 무엇을 물어야 할지 막막하게 느껴질 때도 있다. 하지만, 하면 할수록 계속 떠오른다. 그러니 시작을 해보는 것이 중요하다. 혼자서 적막한 방에 가만히 있다면, 한 번 시도해보자. 그리고 영어를 사용할 수 있는 곳에 초청되어 갔다면, 모르는 사람에게도 적극적으로 다가가 말을 걸어보자. 그들도 똑같이 누군가 말을 걸어주기를 기다리고 있었을 지도 모른다.

모든 소통의 시작은 서로를 내려놓고 있는 그대로를 받아들일 때다. 평소 경계심을 풀고 나를 내려놓고 듣는 시간을 연습하라. 따로 시간을 내기에 바쁘니, 혼자 산다면, 저녁 식사 시간에 밥 먹을 때만큼은 TV채널을 영어 채널로 편안하게 귀를 열어둬라. 억지로 들으려고 하지도 말고, 그냥 편안하게 밥을 먹으면서 듣자. 앞으로 생겨날 상황을 미리 연습한다는 생각으로.

모든 소통의 시작은 서로를 내려놓고 있는 그대로를 받아들일 때다.

## 영어 회의를 매끄럽게 진행하는 영어 표현

회의 시작 전 착석을 요청하는 말

"Please kindly be seated."

자리에 앉아 주시기 바랍니다.


보통 '앉다.'라는 표현으로 'sit down' 또는 'take a seat'이라는 표현 등이 있다. 이보다 좀 더 격식을 차려 자리에 앉아달라는 표현을 할 때에는 격식을 차린 표현인 'be seated' 로 해주면 좋다.


회의 시작 전 회의 관련 전반에 대한 안내 사항

"This is house keeping announcement."

"Let me announce some housekeeping rules."

"I shall start with some housekeeping rules."

안내 말씀 드리겠습니다.


회의 시작 전 '안내 말씀 드리겠습니다.'에 해당하는 표현법이다. 각각 표현이 살짝 달라도 같은 의미다.

연사를 무대로 초청할 때

"Please welcome Ms. Angelina Jolie with a big round of applause."

"Please join me to welcome Ms. Angelina Jolie with a big round of applause."

안젤리나 졸리씨를 큰 박수로 맞이 해주시기 바랍니다.


'안젤리나 졸리씨를 큰 박수로 맞이해주시기 바랍니다.' 에 해당하는 표현법이다. 각각 표현이 살짝 달라도 같은 의미다.

# 04 스마트폰으로 영어 콘텐츠를 봐라

Use what you have to run toward your best – that's how I now live my life.
최고가 되기 위해 가진 모든 것을 활용하세요.
그것이 제가 현재 살아가는 방식이랍니다.
– Oprah Winfrey 오프라 윈프리

## 스마트폰을 영어로 하라

요즘 지하철을 타면 조용하다. 예전에는 친구들과 떠드는 사람, 전화 통화하는 사람들로 다소 시끌벅적했었는데, 이제는 조용하다. 다들 스마트폰 모니터만 뚫어져라 쳐다보고 있기 때문이다. 무엇을 하나 곁눈질로 보면 드라마를 보는 사람들부터 게임하는 사람, 소셜 미디어 피드를 보는 사람 등 다양하다. 그래서 간혹 지하철에서 책을 읽는 사람들을 보면, 그 장면이 되려 생경하다. 스마트폰 중독이라고 할 만큼 집에서도 많이 들여다본다. 심지어 집에 있는 가족끼리도 각자의 방에서 스마트폰에 있는 메신저로 대화한다.

자기 전에도 스마트폰을 꼭 본다. 언론에서 아무리 어두운 방에서 스마트폰을 보면 눈 건강에 좋지 않다고 떠들어도, 쇠귀에 경 읽기다. 그리고 아침에 눈을 뜨면, 침대에서 머리맡에 두고 잔 스마트폰을 켠다. "밤 사이 어떤 새로운 소식이 올라 왔나?" 하고 습관처럼 스마트폰을 본다. 이렇게 자주 스마트폰을 보는데, 이 스마트폰을 볼 때마다 영어를 접하면 어떨까? 그만 영어를 더 많이 접할 수 있지 않을까?

영어를 잘하고 싶은데, 공부할 시간이 없다는 말을 유독 많이 한다. 바쁘다고 한다. 그리고 실제 바쁘다. 그런데 시간이 1분 1초라도 시간이 날 때마다 호시탐탐 보는 것이 있는데, 그것은 스마트폰이다. 엘리베이터를 기다리는 시간에도 스마트폰을 꺼내 보고, 다른 층으로 이동할 때에도 스마트폰을 본다. 버스를 기다리면서도, 지하철을 기다리면서도 틈만 나면 본다. 스마트폰 사용은 틈새 시간을 하나도 놓치지 않는다. 심지어 화장실에서도 스마트폰을 보는 사람들도 있다. 하지만 스마트폰 볼 시간에 영어공부를 하라는 말은 하지 않겠다. 대신 스마트폰으로 보는 것을 영어 콘텐츠로 바꿔라. 그리고 스마트폰으로 하는 모든 행위들을 영어로 하라.

## 아이디어를 영어로 기록하라

중간중간 생각나는 좋은 아이디어가 있을 때, 과거에는 노트를 가지고 다니면서 쓰곤 했다. 이제는 스마트폰을 꺼내는 사람들이 많아졌다. 아이디어가 생각이 났을 때 적어두지 않으면 너무 쉽게 날아가버린다. 나중에 그 아이디어를 다시 소환해내기란 여간 힘든 게 아니다. 그래서 생각났을 때 바로 기록으로 남기는 것이다. 스마트폰은 항상 함께하니까, 노트보다 더 빨리 편리하게 꺼내서 기록을 남길 수 있다.

내가 아는 한 작가는 샤워를 하다가도 좋은 사례나 쓸 거리가 생각이 날까봐, 스마트폰을 가지고 들어간다고 한다. 요즘 방수기능도 잘 되어 있어 크게 걱정하지 않는다고 하면서 말이다. 샤워를 하면서 떠오르는 아이디어를 바로 스마트폰에 녹음한다고 한다. 게다가 요즘에는 클라우드 시스템을 이용하면 별도의 조치 없이 내가 원하는 디바이스로 내가 적어 놓은 또는 녹음해 둔 기록에 접근도 가능해서 아주 편리하다.

그럼 우리는 어떻게 해야 할까? 당연한 질문을 했는가?

그렇다. 생각나는 아이디어를 적을 때, 갑자기 떠오른 단상을 기록할 때, 모두 영어로 기록해보자. 그리고 녹음을 할 때에도 영어로 녹음하자. 어떤 상황에서든 영어를 사용하는 것이 우리의 목표니까!

TED를 접속해서 자신이 원하는 주제의 강연이나
인기 있는 강연을 듣는다.

스마트폰으로 동영상도 많이 본다. 놓쳤던 드라마, 인기 있는 짧은 영상들을 틈틈이 보면서 작은 행복을 찾는다. 영어를 공부하는 사람들이 주로 보는 것은 영어로 하는 강연이다. TED를 접속해서 자신이 원하는 주제의 강연이나 인기 있는 강연을 듣는다. 이때에도 내가 권하는 것은 자막 없이 보기를 권한다. 못 알아듣더라도 귀에 익숙해지는 것이 중요하다. 자막을 보면, 시각에 더 집중이 되어서 사실 영어가 잘 들리지 않는다. TED는 영어 스크립트를 별도로 볼 수도 있으니, 들을 때에는 듣기만 하고 정 내용이 이해가 가지 않으면 영어 스크립트를 읽으면서 내용을 확인해보라.

### 해외 코미디 프로그램을 보라

정말 내가 추천하고 싶은 것 중 하나는 스탠딩 코미디다. 아직 우리나라에서는 익숙하지 않은 형태인데, 영어권에서는 꽤 인기가 많다. 한 사람이 무대에 올라 에피소드를 들려주면서 관객을 웃기는데, 유머 감각도 기를 수 있으면서 자신의 영어 듣기 실력도 향상시킬 수 있다. 스탠딩 코미디를 자주 보면 관객과 어떻게 호흡하는지도 배울 수 있다.

웃음을 유발하는 핵심을 '펀치 라인Punch line'이라고 하는데, 그 펀치 라인에서는 그 나라만의 특유한 문화를 엿볼 수 있다. 문화에 대한 이해가 없으면 쉽게 따라 웃기 힘들고 재미없을 수도 있다. 하지만 언어라는 것이 그 나라의 문화를 함께 이해하면 더 빨리 습득된다. 나는 재미없는데, 이 사람들은 웃네, 하면서 그 내용이 무엇인지 따라가다 보면, 그 나라 사람들의 문화나, 저변에 깔린 의식에 대해 쉽게 이해할 수 있는 기회가 된다. 문화뿐만 아니라 시사적인 이슈들도 유머와 함께 풀어낸다. 영국과 미국 둘 다 스탠딩 코미디로 유명한 사람들이 많다. 구글이나 유튜브에서 'funniest stand-up comedians'로 검색하면 쉽게 찾을 수 있다.

이뿐만 아니라, 미국에서는 매년 4월 마지막 토요일에 열리는 백악관 출입기자 만찬이 열린다. 1921년부터 매년 열리는 이 만찬은 워싱턴 언론계의 최대 행사다. 정치적 이슈를 두고 모두가 오픈 마인드가 되어 정치 풍자쇼를 벌인다. 누구하나 얼굴을 붉히지 않는다. 유튜브에서 'White House Correspondents Dinner'로 검색하면, 영상을 찾아볼 수 있다.

특히 오바마 전 대통령이 재임 시절에 참석하여 한 연설은 아직까지도 회자된다. 그중에서도 2016년 만찬에서 한 마지막 말은 많은 이들의 기립 박수를 받았다. 재임 마지막 해에 참석한 만찬 자리에서 한 이중적 의미를 담은 한마디였다. 만찬 참석자들에게 그동안 수고가 많았고 고마웠다는 말을 하면서 이렇게 끝냈다.

"With that, I have two more words to say. Obama out!"

여기서 'Obama out!'은 '나는 이제 간다!'라는 의미도 있지만, 오바마를 반대하는 진영에서 주로 외치는 'Obama out!오바마 떠나라!'라는 뜻의 중의적 표현을 담았다. 오바마의 위트가 엿보이는 마지막 명연설이었다.

### 교재는 던져버리고 영어로 놀아라!

영어를 공부한다고 해서, 딱딱한 교재만 붙들고 씨름할 필요는 없다. 재미와 영어를 동시에 잡을 수 있는 콘텐츠들은 넘쳐난다. '공부'라는 생각으로 접근하기 때문에 모든 것이 지루하고 하기 싫어질 뿐이다. '공부'한다는 생각을 버리고, 영어로 '논다.'라는 생각을 해보자. 그리고 재미를 찾아가되, 그 재미를 찾을 때에는 영어로 찾아내면 된다. 시작을 당신이 즐길 수 있는 것, 당신이 좋아하는 것으로 시작하라. 그러면 한결 마음이 가벼워지고, 당신이 좋아하는 것이기 때문에 한 번 더 마음이 갈 것이다.

그리고 공부를 할 때, 스마트폰이 방해가 된다는 말을 많이 한다. 분명 스마트폰은 방해가 된다. 시간을 잡아먹어, 정작 공부할 시간을 줄여버리기 때문이다. 스마트폰으로 잠시 검색하려고 들면 한두 시간은 금방 간다. 타임 킬러Time killer의 역할을 아주 잘 수행하는 도구임에는 분명하다. 하지만 다른 공부라면 모르겠지만, 영어공부라면 스마트폰을 필요악으로 보아야 한다. 우리의 시선과 집중력을 앗아가지만, 이를 역으로 잘 활용한다면, 세상에 무궁무진한 영어 콘텐츠를 틈틈이 접할 수 있다. 이

분법적 사고로, 좋거나 나쁘거나로 보기보다, 어쩔 수 없이 늘 함께한다면 적극 활용해보라.

　스마트폰 당신은 어디까지 써봤는가? 이번 기회에 영어로 활용해보라.

## 05 인공지능과 환경설정을 최대한 활용하라

The only limit to our realization of tomorrow will be our doubts of today.
내일을 가로막는 유일한 장애물은 오늘에 대한 회의懷疑이다.
— Franklin D. Roosevelt 프랭클린 D. 루즈벨트

늘 곁에 있는 대화 상대, 시리와 빅스비

테오도르는 대필 작가다. 다른 사람들을 위해 대신 써주는 편지 속에서는 그는 사랑의 감성이 충만하다. 하지만 정작 자신은 늘 공허하다. 그리고 아내와의 이혼 위기에 처해 있다. 그런 그에게 새롭게 나타난 여자가 있다. 이름은 '사만다'.

하지만 그녀를 만질 수도, 볼 수도 없다. 오직 들을 수만 있고 대화를 나눌 수만 있다. 그녀는 컴퓨터 운영체제이다. 사만다는 테오도르의 유

일한 대화 상대가 된다. 그리고 테오도르는 시간이 흐르면서 점점 그녀를 사랑하게 된다.

2013년 개봉한 영화 〈HER〉의 줄거리다. 말할 수 있는 상대가 꼭 사람이 아니어도 되는 시대가 되었다. 과학 기술이 발달하고, 인공지능이 발달하면 인간성 상실의 시대가 올 것이라 걱정하는 사람들도 많다. 하지만, 이 영화를 보면 인공지능Artificial Intelligence이 오히려 인간을 위로해준다. 인간성 상실의 시대가 아니라, 인간으로 인해 삭막해져가는 세상에 인공지능이 오히려 단비와 같은 역할을 한다.

"외국인을 자주 만날 기회가 없어요."
"영어를 막상 쓸 곳이 없어요."
"영어 대화로 대화할 만한 사람이 없어요."

영어를 공부할 때라는 핑계는 이제 통하지 않는다. 우리에게 너무도 가까이 인공지능이 다가와 있다. 지금 당장 영어로 말을 걸면, 바로 답을 준다. 즉 스마트폰의 음성 인식 서비스로 가능하다. 아이폰을 사용하는 사람은 시리가, 갤럭시폰을 사용하는 사람은 빅스비가 장착되어 있다. 언제든 나의 말을 듣고 내가 원하는 것을 실행해줄 준비 태세를 갖추고 있다.

"Siri" (시리.)

"Yes?" (네?)

"Can you set an alarm at 6 am?" (알람을 오전 6시에 맞추어줄래?)

"The alarm's set for 6 am." (오전 6시에 알람이 맞추어졌습니다.)

"Thank you." (고마워.)

"I live to serve." (이 일을 하기 위해 사는 걸요.)

"Can you turn the alarm off?" (알람 꺼줄래?)

"OK, your 6 am alarm is off." (네, 오전 6시 알람이 해제되었습니다.)


지금 내가 영어로 시리에게 알람 설정을 했다가 다시 꺼달라는 대화를 나눈 기록이다. 내가 말을 하면, 다양한 방식으로 시리는 대답을 한다. 심지어 'Thank you.'라는 나의 말에 시리의 대답은 늘 다양하다. 지금은 위 대화에서처럼 'I live to serve.'라고 했지만, 또 다른 날에는 "Don't mention it.", "No problem.", "Why, thanks." 등 다양하게 대답한다. 영어로 말하고 배우기에 참 좋은 도구라는 생각이 든다.


이 인공지능이 점점 더 발달해서 나의 감정을 읽고, 내가 듣고 싶은 음악, 드라마 등까지 세팅이 가능해질 것이라고 하니, 참으로 기대된다. 앞으로 전화 영어 회화 수업 등은 아마도 음성 서비스가 모두 대체해줄 수 있을 것 같다.

**시리에게서 가벼운 영어 표현을 배워라**

영어를 공부하기에 이렇게 좋은 기능을 두고, 아직도 한국어로 설정이 되어 있는가?

지금 바로 영어로 바꾸자. 그리고 심심할 때마다 영어로 말을 걸자. 찾고 싶은 정보가 있거나, 아니면 바보 같은 말이라도 걸면, 이들은 즉시 대답한다. 남들이 보기에 실없어 보여도 상관없다. 틈이 날 때마다 영어로 말을 걸 수 있는 상대가 있고, 영어로 대답해주는 것만으로도 참 고마운 존재이다.

게다가 불분명한 단어, 또는 부정확한 발음을 교정할 수도 있다. 내 발음이 정확하지 않으면 잘 못 알아듣는다. 사람과 사람 사이의 대화에서 문맥상 단어들이 이해되기도 한다. 하지만. 이들에게는 있을 수 없다. 발음이 틀리면, 다른 말로 이해한다. 정확한 의미를 모를 때에는 이렇게 대답한다.


"I don't know what you mean by 'OOOO'."


그러면 인내와 끈기를 가지고 내 말을 알아들을 때까지 또박 또박 말을 하게 된다. 그렇게 하면서 우리도 좀 더 정확하게 표현하고 발음하는 연습을 할 수 있다. 덧붙여서, 시리의 반응을 통해서 영어 표현들도 하나씩 익힐 수 있다. 위에서 말한, '무슨 뜻인지 모르겠어.'라고 말을 하고 싶을 때, 시리가 사용한 것처럼 실생활에서 우리가 그대로 이 표현을 사용할 수 있다. 또 다른 형태의 영어 교과서인 셈이다.

## 아예 스마트폰 전체 환경 설정을 영어로 바꿔라

음성 인식 서비스뿐만이 아니라, 아예 스마트폰 전체 환경 설정을 영어로 바꾸자. 그러면 달력부터 날씨 안내, 그리고 스마트폰에서 행하는 모든 일들에 대한 확인 메시지들이 영어로 뜬다. 예를 들어 앱을 삭제하려고 할 때면 이렇게 뜬다.

"Delete "XXXX"? Deleting this app will also delete its data."

앱을 삭제하면 그 데이터도 모두 삭제된다는 경고 메시지다. 그래도 삭제하겠다고 하면 'delete'를 누르면 된다. 별 의미 없는 것 같지만, 이렇게라도 영어를 접하면 영어 실력 향상에 분명 도움이 된다. 스마트폰뿐만이 아니라 영어가 지원되는 모든 디바이스는 영어 모드로 전환해보라. 자주 사용하는 컴퓨터의 환경 설정도 영어로 바꿔보라. 자연스레 영어에 지속 노출되게 된다. 메시지 창에 뜨는 문장들이 사소한 표현 같아도 언젠가 입으로 쓰일 순간이 오게 된다. 아니면 유사하게 말을 만들어낼 때에도 참고 표현이 된다.

끊을 수 없으면 스마트폰을 철저하게 이용하라.

모든 계정과 환경 설정을 영어로 바꾸는 것만으로 영어에 노출될 수 있다.

소셜 미디어도 마찬가지다. 인스타그램이나 페이스북 등에 영어 계정을 될 수 있는 한 많이 팔로우하라. 자연스레 영어를 사용하는 사람들과 소통할 수 있게 된다. '사진 멋있어요.'라는 말을 하더라도, 영어를 한번 써 보는 기회가 된다. 영어 실력이 쌓여가면, 그들이 올리는 포스팅을 읽고, 의견을 덧붙이면서 영어를 연습할 기회를 가지자. 그리고 자신의 소셜 미디어도 영어로 포스팅을 해보라. 그래서 세계 곳곳에 영어를 사용하는 사람들이 자신의 계정을 팔로우 하게 만들어보는 것도 재미있다.

우리는 항상 스마트폰을 손에 가지고 다니면서 한 시도 놓지 않는다. 그리고 많은 사람들이 스마트폰과 소셜 미디어는 우리의 시간을 좀먹는 악의 축으로 생각한다. 특히 공부할 때에 스마트폰과 소셜 미디어를 멀리하라고 한다. 하지만 이들은 쉽게 끊지 못하는 마약과도 같은 존재들이다.

끊을 수 없으면 스마트폰을 철저하게 이용하라. 모든 계정과 환경 설정을 영어로 바꾸는 것만으로, 스마트폰과 소셜 미디어를 수시로 확인하는 것이 영어에 자주 노출될 수 있는 기회가 되도록 말이다.

# 06 하루 종일 영어만 쓰는 주말 유학!

I notice well that one stray step from the habitual path leads
into a new direction.
기존의 습관에서 벗어난 하나의 발걸음이 새로운 곳으로 인도한다.
— Franz Grillparzer 프란츠 그릴파저

### 비슷비슷한 일상 대화로는 실력이 늘지 않는다

언어에 관심을 가지다 보면, 그 나라의 문화가 눈에 들어온다. 그 문화를 즐기다 보면, 그 나라에 가서 한번쯤 가서 살아보고 싶다는 생각이 든다. 살지 않더라도 여행이라도 다녀오고 싶어진다. 물론 문화에 관심을 가지기 시작하면서 언어를 접하는 경우도 있다. 문화와 언어, 이 두 가지를 흠뻑 만끽하고 싶을 때, 그런데 막상 떠날 수 없는 현실을 마주했을 때. 우리는 어떻게 해야 할까?

미국에 가서 한 달만 살아도 영어 실력이 확 늘 것만 같다. 아침에 눈을 뜨면서 밤에 잠자리에 들기 전까지 온 종일 영어만 쓰면서, 영어만 보고 듣고 할 수 있을 것 같아서다. 그렇게 하면 실력은 분명 늘 것이라는 생각이 든다. 하지만 한 달은 생각보다 훨씬 짧은 시간이다. 내 실력을 향상시키기보다 그저 시간만 때우다 올 가능성이 크다.

왜냐고? 피상적인 일상 대화로는 영어 실력이 늘지 않는다. 한 달 동안 심도 있는 토론을 하는 것도 아니고, 한 달 동안 내가 만날 수 있는 사람과 인간관계의 깊이를 생각해보면, 나눌 수 있는 대화의 내용은 한정적이다.

"안녕!"
"어제 뭐했니?"
"오늘 뭐할 거니?"
"내일 뭐하니?"

피상적인 대화만 주구장창 쓰다 오게 될 확률이 높다. 그렇기 때문에 어학연수 또는 워킹 홀리데이를 가도 영어 실력이 생각보다 늘지 않은 채 돌아오는 경우가 허다하다. 영어 실력이 비슷한 수준의 친구들과 어울리면서 한정적인 주제로 피상적인 대화만을 나누기 때문이다.

## 영어공부는 현재 실력보다 한 단계 높게!

영어 실력을 늘리려면 나의 영어 실력보다 한 단계 높은 영어를 접해야 한다. 나보다 영어를 잘하는 사람과 심도 있는 대화를 나누어야 하고, 내가 가진 영어 실력으로는 한 번에 이해되지 않을 영어 책을 읽어야 한다. 당장은 조금 어렵고 힘들더라도, 내 영어 실력보다 한 단계 높은 영어를 소화해내면서 실력은 향상된다.

그 다음으로 필요한 것이 영어를 집중적으로 파고드는 시간이다. 하루 한 문장씩 공부하는 습관도 좋다. 그것들이 쌓여서 언젠가는 실력이 된다. 하지만 너무 오래 걸린다. 단시간 실력 향상을 원한다면 단시간에 집중적으로 영어를 해야 한다.

살을 빼는 과정과 비슷하다. 최근 한 여배우가 3개월 만에 25kg을 감량하여 크게 이슈가 된 적이 있다. 두 아이를 낳고 무너진 몸매를 보고 다이어트를 결심한 그녀는 3개월 후 정말 다른 사람이 되어 대중 앞에 나타났다. 그녀 스스로도 행복하고 감사하다는 말을 하면서 다이어트를 통해 자아실현을 이루었다고 말한다. 식이 조절과 동시에 집중적인 운동이 그 비법이라고 소개한다. 머슬퀸으로 등극한 한 여배우도 18kg을 단기간에 뺄 수 있었던 이유는 하루 8시간 운동이라고 말했다. 나도 살을 빼려고 운동을 시작했다. 하지만 천천히 빠지고 있다. 왜냐하면 물리적으로 나는 8시간씩 운동을 할 수 없기 때문이다. 트레이너 말로는 집중적으로 살을 빼고 싶으면 적어도 아침에 2시간 , 저녁에 2시간씩 운동을 해야 한다고 한다.

매일 30~40분씩 운동을 하면 건강유지에 좋다. 하지만 드라마틱한 체형 변화를 보기는 어렵다. 영어도 마찬가지다. 꾸준히 한다면서, 꾸준히 매일 한 문장씩 공부하면, 언제 나의 영어 실력이 드라마틱하게 올라갈지는 미지수다. 결국 영어에 온전히 투자할 시간이 필요하다는 말이다. 그 시간을 어떻게 만들고, 무엇을 해야 할지를 우리는 고민해야 한다.

### 토요일에는 혼자만의 유학을 떠나라

1주일 내내 회사 생활 또는 학교 다니면서 시간을 내기란 어렵다. 집에 돌아오면 연필조차 들기 힘든 나날의 연속이다. 누가 말 거는 것조차 짜증난다. 그런 사람을 붙잡고 '영어공부하고 자!'라는 말은 쉽게 나오지 않는다. 당장 나부터 할 수 없는 일을 남에게 강요하고 싶지 않다.

그럼 언제 할까?

주말을 이용해보라. 일요일은 왠지 다음 날인 월요일을 준비할 마음가짐이 필요한 것 같다. 무언가 분주하게 하려다 보면 새로운 한 주의 시작을 시작부터 피곤하게 만드는 것 같은 죄책감이 든다. 푹 쉬어야 내일부터 다시 달릴 수 있는 에너지를 충전할 수 있을 것만 같다. 그래서 일요일은 패스!

그럼 남는 요일은? 토요일이다.

토요일을 유학 가는 날로 정하자. 어디로 갈까?


무크MOOC라고 들어보았을 것이다. Massive Open Oline Course를 줄인 말로, 2012년 미국에서 시작된 무료 교육과정이다. 하버드, 스탠포드, MIT 등의 대학에서 실제 강연을 하고 있는 세계 석학들의 강의를 들을 수 있다. 코스를 마치면 이수 증명서도 발급받을 수 있으며, 강의마다 과제, 테스트가 진행되고, 소셜 미디어를 통해 질의응답, 토론까지도 가능하다. 일방적으로 혼자 앉아 온라인 강의만을 듣는 것이 아니라, 교수님 그리고 강의를 같이 듣는 학생들과도 교류가 가능하다. 내가 좋아하는 과목을 신청해서 들으면서, 좋아하는 분야의 지식도 쌓고 영어 실력도 향상 시킬 수 있는 좋은 기회가 된다.


관심 있는 과목을 정하라. 그리고 등록하라. 당장! 매주 토요일 9시부터 5시까지는 꼬박 무크 강좌를 듣고, 과제를 하라. 자유롭게 나의 생각을 Group discussion에 올려도 보라. 오직 영어로 생각하고 영어로 내가 좋아 하는 과목을 듣자. 주말 유학, 멀리 갈 필요도 없다. 내가 있는 곳이 바로 유학하는 곳이다.

무크로의 주말 유학은 문화를 향유할 수는 없지만, 영어권으로 유학을 가는 것과 비슷한 효과를 지닌다. 영어로 일상 대화가 아닌, 나의 전공에 대해, 내가 관심 있는 분야에 대해 세계 사람들과 교류하는 기회를 갖자. 그렇게 매주 주말 유학을 떠나자.

## 무크를 제공하는 대표적인 플랫폼 3

1. Coursera www.coursera.org

코세라Coursera는 스탠포드 대학 앤드류 응 교수와 다프테 콜러 교수가
설립한 온라인 강의 서비스이다. MOOC를 대중화시킨 선두주자다.


2. Udacity www.udacity.com

유다시티Udacity는 스탠포드 대학의 세바스찬 스런 교수를 중심으로 설
립되어, 인공지능, 자율주행과 같은 실리콘 밸리에서 주목하는 주제에
특화된 강의로 유명하다.

특히, 나노 디그리NANO Degree로 각 강의를 듣고 프로젝트를 수행하면
학위처럼 강의별 수료증을 받을 수 있다. 강의 내용과 과정은 실리콘밸
리 기업들의 요구 사항을 기반으로 만들어졌다고 한다. 따라서, 바로 업
무에 사용될 수 있는 지식을 배울 수 있는 곳이다.

## 3. EdX www.edx.org

이디엑스Edx는 2012년 런칭된 하버드 대학교와 MIT 에서 만든 플랫폼이다. 주간 단위로 강의가 제공되고, 매 강의는 짧은 비디오 형태로 듣고이후 온라인 토론 등을 통해 참여 학생들의 주도적인 학습을 유도하도록짜여져 있다. 이디엑스는 무크 강좌에서 최초 온라인 랩Online lab을 구현한 플랫폼으로도 유명하다.

# 07 환경은 둘째, 결국 내가 해야 한다

Life has two rules : 1) Never quit. 2) Always remember Rule #1.
삶에는 두 가지 규칙이 있다. 1) 절대 포기하지 않는다. 2) 1번을 항상 기억한다.
– Duke Ellington 듀크 엘링턴

## 전문가도 절대 대신 해줄 수 없다, 스스로 하라

인도네시아 발리에 여행을 갔다. 스쿠버 다이빙 코스를 찾아갔다. 한 번도 해본 적 없는 다이빙이었다. 싱가포르에서 만난 한 여성이, 스쿠버 다이빙은 꼭 해보아야 한다고 했다. 바다 속의 세상은 정말 다르다고, 꼭 추천하다고 말했다. TV로만 보던 바다 속을 이번에 보려고 계획했다. 마침, 좋은 다이빙 포인트가 숙소 근처에 있었다.

실은 일정한 기간 동안 다이빙 교육을 받고 바다 속에 들어가야 하지만 그럴 만한 충분한 시간이 없었기에, 텐덤Tandem – 2인조으로 다이빙 전문가와 함께 바다 속으로 들어가기로 했다. 나와 짝이 된 다이빙 강사가 말했다.

"딱 두 가지만 기억해. 고글에 물이 차면 이마 쪽을 눌러서 코를 풀듯이 숨을 코로 세차게 내뱉으면서 물을 빼내야 해. 그리고 귀가 멍해지면, 침을 꼴깍 삼켜서 몸과 외부의 압력을 맞춰야 해. 이 두 가지는 내가 절대 대신해줄 수 없는 거야. 네가 해야 하는 거야. 그것 이외에는 내가 다 알아서 할게."

그 외 다른 안전 교육은 없었다. 두려웠다. 우리는 곧바로 바다로 들어갔다. 아무 것도 보이지 않아 숨이 막힐 듯이 무섭고 캄캄한 물속을 지나쳤다. 5분 정도의 시간이 흘렀을까? 한순간에 갑자기 디즈니 애니메이션 영화 〈인어공주〉의 한 장면이 눈앞에 펼쳐졌다. 바다 속은 상상 이상으로 정말 다른 세상이었다. 그리고 바다 속에서 강사가 말한 두 가지는 내가 오롯이 해내야 하는 일이었다.

"내가 절대 대신해줄 수 없는 거야. 네가 해야 하는 거야. 그것 이외에는 내가 다 알아서 할게."

강사의 말이 내 인생을 다시 되돌아보게 했다. 삶과 비슷했다. 내가 봉착하는 문제들의 대부분은 나 스스로 풀어나가야 한다. 누군가가 길을 안내해줄 수는 있다. 더 빠른 길이 여기라고 말해줄 수 있다. 하지만, 내가 그 길을 내 두 발로 걷지 않으면 결코 갈 수 없는 길이다. 악당이 눈앞에 나타났을 때, 내가 악당을 스스로 물리치지 못하면, 다음 단계로 넘어갈 수 없는 게임과 같다. 그 문제를 피해 달아나도, 다음 단계로 넘어가기 위해서는 다시 마주하게 되는 순간이 꼭 온다. 그 악당은 그 누구도 아닌 '내가' 물리쳐야 한다.

## 수업이 아무리 좋아도 스스로 해야 한다

영어도 마찬가지다.

우리나라에 차고 넘치는 것이 영어 교육 프로그램이다. 많은 사람들이 수업만 들어도 영어를 잘할 수 있게 될 것 같은 착각에 빠진다. 그리고 그저 그 자리에 앉아 있는 것만으로 영어를 잘하게 만들어주기를 원한다. 주체적 학습보다, '시키는 대로만 따라 해라.'라는 교육이 우리가 스스로 무엇인가를 해야한다는 생각마저 싹둑 잘라버렸다. 그렇게 해서 수능 영어 만점, 토익 990점은 맞을 수 있을지언정, 당장 내 의사를 자유롭게 표현하는 영어 능력은 상실해버렸다. 그 결과, 12년을 꼬박 영어를 공부하고도, 외국인 앞에서 움츠러드는 영어를 하고 있다. 토익 990점이 결코 그 사람의 영어 실력을 말해줄 수 없는 상황에 이른 것이다.

영어를 잘하려면 스스로를 영어에 꾸준히 노출시켜야 한다. 영어와 관련된 모든 것을 영어로만 보아야 한다. 영어로 생각하고, 영어로 모르는 부분을 찾아봐야 한다. 영어와 상관없이 일상에서 궁금한 것이 생기도 영어로 검색해보아야 한다. 할 수 있는 한 모든 것을 영어로 듣고, 읽고, 쓰고, 말해야 한다. 그래야 영어가 는다. 이는 다이빙 강사가 말한 것처럼, 꼭 '스스로'가 해내야 하는 것이다. 그 누구도 대신해줄 수 없다. 해내어 고비를 넘어서면, 그것이 3개월 만이든 6개월 만이든 당신도 영어로 자유롭게 말할 수 있게 된다.

## 스스로 할 수 있는 8가지 영어공부법

그 고비를 넘어서는 데 있어 좀 더 쉽게 좀 더 빠르게 넘어서는 방법은 알려줄 수 있다. 다음 장에 나올 8가지 영어공부법이 이에 해당된다. 아직도 영어로 자신을 표현하는 데 서툴다면, 지금까지의 영어공부 방법을 버리고, 새롭게 영어를 바라볼 수 있게 되기를 바란다.

첫 번째, 문법을 위한 문법이 아닌, 문장 구조를 파악할 수 있는 문법을 공부하라.

두 번째, 언어는 음악과 비슷하다. 음악을 듣듯 상대의 말에 리듬을 타라. 그러면 들린다. 영어가 모국어가 아닌 외국인이 하는 영어도 들린다.

세 번째, 원어민의 발음을 흉내 내기보다, 발음을 명확하게 하는 연습을 해라. 그리고 군더더기 소리를 없애라. 군더더기 소리가 상대로 하여금 당신의 말을 잘 못 알아듣게 하는 큰 걸림돌이다.

네 번째, 발음보다 더 중요한 것은 전달력이다. 전달력을 높여라. 이는 문장 구조를 파악할 수 있는 능력과 함께 간다.

다섯 번째, 손에 잡히는 대로 소리 내서 읽어라. 머리로 표현들을 외우는 것보다, 입에 익숙해지는 것이 더 중요하다.

여섯 번째, 문장을 외우려고 하지 말고 말을 어떻게 만들 수 있는지를 연습해라.

일곱 번째, 시제를 정리해라.

여덟 번째, 상대의 말을 그대로 따라하면서 되묻는 방법으로 상대가 말하는 영어 표현을 내 것으로 만들어라.


이 여덟 가지는 내가 외국에서 공부하고, 생활하면서 익힌 방법이다. 그리고 해외 생활을 하는 동안 주변 한국 사람들의 영어 습관을 관찰하면서 터득한 방법이기도 하다. 한국 사람들이 막상 외국인과 소통할 때, 가장 큰 문제가 무엇이었는지를 보고 파악하고, 그에 맞는 해결책들을 고민한 결과다. 이 여덟 가지 방법을 기초로 영어 프레젠테이션 잘하는 방법에 대한 강의를 하면서, 사람들의 영어 실력이 향상되는 과정을 지켜보기도 했다. 각각의 자세한 방법은 다음 장에서 하나씩 풀어서 설명하려고 한다.

중요한 것은 이 방법을 소화해내어 실천에 옮겨야 하는 사람이 바로 당신이라는 사실이다. 24시간을 온전히 '영어하며' 지내야 하는 것도 바로 당신이다. 뇌를 만드는 것도 당신이 해야 한다. 공간을 조성하는 것도 당신이다. 하지만 뇌를 바꾸고 공간을 바꿔도 결국 마지막까지 당신이 해야 한다. 바다 속에서 다이빙 강사가 나를 대신해서 해줄 수 없었던 두 가지를 꼭 기억하자. 그 외 모든 것은 수많은 영어 학습 인프라가 당신을 도와줄 것이다. 영어를 잘하기 위해서 해야 할 일들을 스스로 오롯이 해낼 때, 당신도 3개월 만에 영어로 말할 수 있게 된다.

뇌를 바꾸고 공간을 바꿔도 결국 마지막까지 당신이 해야 한다.

# 5장

# 완벽한 영어를 만드는 8가지 영어공부법

# 01 문장 구조를 파악하라

> If I only had an hour to chop down a tree,
> I would spend the first 45 minutes sharpening my axe.
> 나무 베는데 1시간이 주어진다면, 도끼를 가는데 45분을 쓰겠다.
> — Abraham Lincoln 에이브러햄 링컨

**문법책으로는 언어를 배울 수 없다, 직접 하라!**

어떤 이들은 문법이 중요하다고 말하고 어떤 사람들은 문법은 공부할 필요가 없다고 말하기도 한다. 개인적으로는 문법 공부의 필요성을 따지기보다는 문법을 공부하는 방법과 문법을 바라보는 관점이 지금까지 우리가 받아온 영어 교육에서 달라져야 한다고 생각한다. 사람마다 다르지만, 나는 처음부터 문법을 공부하지 않았다. 문법 공부는 어느 정도 영어 회화가 가능한 시점에 한 번씩 정리했다. 그리고 문법이라는 것 자체를 공부의 대상으로 한 번도 바라보지 않았다. 내가 알고 있는 단어들을 어떻게 배열해야 하는가를 알려주는 가이드로 생각했다.

세계적인 베스트셀러 영어 문법책 『Grammar In Use』의 저자 레이먼드 머피는 말했다.

"문법책은 사전과 마찬가지로 필요할 때마다 들춰보는 참고도서 Reference book이지, 사전이나 문법책으로 언어를 배울 수 없다. 사람들은 실습을 통해 언어를 배운다."

우리가 지금까지 공부해온 문법의 가장 큰 문제는 문법 용어에 사로잡혀 문법이 문법으로만 취급된 것이다. 그리고 문법을 무슨 공식인양 수학문제 풀듯이 풀어왔던 것이다. 문법을 말 그대로 문장을 어떻게 엮어나가야 할지 서로 약속한 규칙과 같은 것이라고 생각하면 좀 더 쉽게 접근할 수 있을까?

### 말하기, 듣기, 쓰기, 읽기를 위한 문장 구조 파악하기

나는 영어에 대한 강의를 할 때 '문법'이라는 말은 의도적으로 사용하지 않는다. 대신 '문장 구조'라는 말을 사용한다. 주어를 어디에 배치하고, 동사를 어디에 배치하고 어떤 형태로 말을 만들 수 있는지에 대해서 설명한다. 최대한 문법적 용어는 배제하려고 한다. 주어, 동사, 목적어와 같은 기본적인 문법 용어를 제외하고 문법 용어를 사용할 수밖에 없는 상황에서는 차라리 영어로 그 용어를 쓴다. 우리에게 체화된 한국의 문법 용어는 듣는 것만으로도 영어로 말을 할 수 없게 만드는 마법과도 같기 때문이다. 그래서 영어 문법을 공부할 때에도 한국어로 된 책보다는 영어로 된 책을 권한다.

한국어판이 있더라도 영어판을 구매하여, 영어는 영어로 이해하려고 노력하라. 그리고 이 책을 공부하듯이 파고들지 말라. 당신이 알고 있는 영어를 정리한다는 기분으로, 그리고 중간 중간 모호한 부분들을 찾아보는 가이드북으로 생각하고 공부하라. 이 책들에 나오는 내용을 붙잡고 줄줄 외울 필요가 전혀 없다. 틈틈이 보는 습관을 기르는 것이 훨씬 더 낫다.

영어를 자유롭게 구사하고 문장을 스스로 만들어내기 위해서는 문장 구조를 파악해야 한다. 다음 장에서 이어질 전달력 향상 및 음독 연습 등은 모두 문장 구조를 파악할 수 있어야 더 빨리 습득이 된다. 우리나라 교육은 문법 따로, 듣기 따로, 회화 따로, 독해 따로 모두 다 따로 국밥이다. 문법, 듣기, 말하기, 읽기, 쓰기가 한 덩어리로 이해되어서 서로가 융합이 되어야 하는데 다 별개로 논다. 그래서 문법 시험 만점을 받아도 영어 한마디 못하는 기형적인 결과가 나온다. 이제는 따로 생각하지 말라.

문법을 위한 문법 공부가 아니라 말하기, 듣기, 쓰기, 읽기를 위한 문장 구조를 파악하는 선에서 이해하라.

### 주어와 동사를 찾아라!

문장 구조는 크게 주어 부문과 동사 부문으로 나누어볼 수 있다. 주어 다음에 바로 동사가 나오는데, 바로 이 부분이 한국어와 크게 다른 문장 구조 형태이다. 따라서 문장 구조를 분해할 때에는 주어와 동사를 찾는 연습이 중요하다.

그러면 주어로 올 수 있는 형태에는 어떤 것이 있을까? 우리말로 먼저 생각해보라.

나, 너, 그, 그녀와 같이 사람이 오기도 하고, 사람을 지칭하는 대신 혜교, 예진, 중기와 같은 이름이 대신 올 수도 있다. 또 어떤 것들이 올 수 있을까? 사과, 책상, 스마트폰, 연필과 같은 사물 또는 행복, 소망과 같은 관념적인 명사가 주어로 올 수도 있다. 또?

'영어로 말을 한다는 것은 기적 같은 일이다.'

여기서 주어는 무엇인가?

'영어로 말을 한다는 것'이다. '영어로 말을 한다'에 '것'을 붙여 명사처럼 만들었다. 영어도 똑같이 만들 수 있다.


'To speak in English'
'Speaking in English'


동사 앞에 'to'를 붙이거나, 뒤에 'ing'를 붙여서 동사를 명사처럼 만들면 된다. 똑같이 '먹는다는 것은 중요하다.'라는 말을 생각해보라. 우리는 '먹다'라는 동사로 'eat'을 알고 있다. 어떻게 명사로 만들까?


'to eat'
'eating'


이렇게 명사화된 문구가 주어 부분에 올 수 있다.
또 어떤 것이 있을까? 한국어로 이런 말도 하지 않는가?


'그가 행복하다는 점은 사실이다.'


여기에서 주어 부문에 해당하는 말인 '그가 행복하다는 점'을 영어로 어떻게 표현하면 될까? '그는 행복하다'를 명사 형태로 만들면 된다. 어떻게? 'That'을 문장 앞에 붙여주면 된다.

'That he is happy.'

명사 형태가 된다. 그 뒤에 동사인 is a fact가 오면 된다.

'That he is happy is a fact.'

위 설명을 다시 정리하자면 주어로 올 수 있는 형태는 크게 다섯 가지로 볼 수 있다.


1. 나, 너, 그, 그녀 등 사람을 지칭하는 명사

2. 혜교, 중기 등 이름

3. 사과, 책상, 스마트폰, 연필 등과 같은 명사나 행복, 소망 등과 같은 관념적인 명사

4. To~ , ~ing를 사용해서 동사를 명사처럼 만든 형태

5. That 주어 + 동사 형태로, 주어+동사를 포함한 문장 앞에 that을 붙여서 명사로 만든 절

6. that 이외에도 맨 앞에 의문사who, what, when, where, why, how, whether, if 등을 붙여서도 만들 수 있다.


단, 한 가지 기억해둘 것은 영어는 앞부분에 주어가 너무 길게 오면서

결론 부분에 해당하는 동사가 뒤늦게 나오는 것을 잘 용납하지 않는다는 사실이다. 두괄식을 선호하는 문화답게 주어가 너무 길 경우 it 으로 대체하여 주어 부분을 뒤로 보낸다. 'It is~'절로 배운 기억이 있을 것이다.

이 명사 형태는 동사에서 목적어 부분을 필요로 할 때도 그대로 사용된다. 물론 사람을 지칭하는 명사는 목적어에 맞게 me, you, him, her, them 등으로 그 형태가 변하긴 하지만 말이다.

어쨌든 문장의 큰 뼈대인 주어 부문은 이렇게 만들어질 수 있다는 사실을 알고 있으면 된다. 그 다음의 큰 뼈대인 동사에 어떤 형태들이 오는지를 정리해주면 된다. 동사에서 크게 신경 써야 하는 부분은 시제이다. 이는 별도로 설명하기로 하겠다.

큰 뼈대인 주어와 동사 부분만 문장 안에서 파악되어도 읽기도 쉽고, 말하기도 쉬워진다. 이제 앞으로 접하는 모든 영어 문장에서 주어 부문과 동사 부문을 찾는 연습을 해보라. 접할 수 있는 어떤 문장이든 좋다. 그렇게 하면서 큰 뼈대를 찾고 문장 구조를 파악해나가는 연습을 하는 것이다. 이미 학교에서 문법을 어느 정도 배웠기 때문에 쉽다. 다만, 지금까지 우리가 배운 문법이 따로 놀고 있었을 뿐이다. 이제 따로 놀고 있던 문법을 문장 구조 파악의 도구로 활용해서 말하기, 듣기, 쓰기, 읽기에 적용해보라.

## 주어와 동사를 찾아라!

They were surprised when I didn't get up.

Believing that the dots will connect down the road will give you the confidence to follow your heart.

It was reported that Pyongyang has increased its production of enriched uranium at secret sites.

The last best chance to avoid that war is a peaceful end to their nuclear program.

다음 페이지에 답이 있다. 연두색 굵은 글씨는 주어, 밑줄친 연두색 글씨는 동사다. 찾은 주어와 동사를 중심으로 전달하고자 하는 문맥에 맞게 끊어 읽어주는 연습을 함께 해주면 좋다!

They <u>were surprised</u> when I didn't get up.

그들은 내가 일어나지 않자 놀랐다.


Believing that the dots will connect down the road <u>will give</u> you the confidence to follow your heart.

점들이 연결되어 길을 만든다는 믿음은 당신의 가슴이 시키는 일을 따르는 데에 자신감을 심어줄 것이다.


It <u>was reported</u> that Pyongyang has increased its production of enriched uranium at secret sites.

평양이 비밀 장소에서 농축우라늄 생산을 증가시키고 있다고 보고되었다.

⇨ "that Pyongyang~"의 내용이 진짜 주어이고 주어가 길어지니, it을 문장에 주어로 사용하여 '보고되었다'라는 정보를 먼저 전달하고 있다.


The last best chance to avoid that war <u>is</u> a peaceful end to their nuclear program.

전쟁을 피할 수 있는 최후, 최선의 기회는 그들의 핵 프로그램을 평화롭게 폐기하는 것이다.

## 대표적인 영어문법 책 2

1. 『Grammar In Use』 Murphy, Raymond.

영국 케임브리지대학 출판부에서 출판한 영어 문법 교재 시리즈다. 전 세계적으로 3천만 부 이상 팔렸다고 한다. 영국식/미국식 영어로 나뉘어져 있고 각각 수준별로 다시 나뉘어져 있다. 영국식 영어 버전 Advanced 단계의 저자는 다른 사람이다.

2. 『Understanding and Using English Grammar』 Azar, Betty Schrampfer.

초급, 중급, 고급으로 나뉘어져 있다. 영어가 모국어가 아닌 나라의 학생들이 주로 쓰는 교재다. 그림 등으로 쉽게 설명했으며 표준 영어와 구어 영어, 영국식 영어와 미국식 영어의 차이도 제시했다.

# 02 음악을 듣듯 리듬을 타며 들어라

Success seems to be connected with action.
Successful people keep moving. They make mistake, but they don't quit.
성공은 행동과 연결되어 있다.
성공한 사람들은 계속해 나간다. 그들은 실수하지만, 결코 포기하지 않는다.
— Conrad Hilton 콘래드 힐튼

**전치사까지 챙겨서 다 알아들어야 하나?**

"희정, 내 여자 친구, 아이리쉬Irish, 아일랜드 사람 아니야."

"응? 지난 번에 아일랜드에서 왔다고 하지 않았어?"

"아니야. 섬에서 왔다고 했지, 아일랜드라고 안했어."

상황은 이렇다. 영국에서 공부할 때, 피터라는 영국인 친구가 있었다. 피터가 여자 친구가 생겼다며 자랑했다. 모리셔스Mauritius에서 자랐다고 했다. 나는 모리셔스가 어디 있는지 몰랐다. 그래서 '모리셔스?'라고 물었더니, 피터가 'Yes, it's an island.'라고 말했다. 그런데 나는 'It's in Ireland.'로 잘못 알아들었다. 그 이후로 나는 자꾸 피터의 여자 친구를 아일랜드 사람이라고 생각하고 이야기를 나눴던 것이었다. 듣기의 작은 실수가 빚어낸 재미난 에피소드다. 간혹 사람들이 물을 때도 있다.

"전치사까지 챙겨서 다 알아들어야 하나요?"

그러면 나는 이 이야기를 해준다. 들을 수 있다면 다 챙겨 듣는 것이 좋지 않을까? 어떻게 하면 잘 들을 수 있을까?

### 음악처럼 문장의 리듬을 느껴라

"이렇게 갑작스럽게 한반도에 드리운 먹구름을 걷어내기 위해서 문재인 대통령이 우리 시간으로 내일(23일) 새벽 트럼프 미국 대통령과 단독 회담을 합니다."

방송사 뉴스 앵커의 멘트다. 한 번 소리 내서 읽어보라.

소리 내서 문장을 읽었을 때, 어떤 부분의 음이 가장 낮은가? 대체로 마지막에 나오는 '합니다'일 것이다. 좀 더 자세히 말하면 '합니다' 중에서도 '다'라는 음이다.

그리고 문장을 소리 내서 읽으면 처음 단어인 '이렇게'보다 뒤로 갈수록 음이 점점 나아지는 것이 느껴지는가? 대부분의 사람들은 문장을 읽으면 그 문장이 뒤로 갈수록 음이 낮아진다. 그런데 낮아지는 음은 상대가 들을 때 잘 들리지 않는다. 그래서 아나운서들은 문장을 읽을 때, 소리의 음이 낮아지지 않도록 계속 음을 끌어올리면서 말을 한다. 그 결과, 문장 전체가 시청자의 귀에 쏙쏙 들어온다. 첫 단어의 소리음에 우리의 귀가 음역대를 맞추고 듣기 때문이다. 이를 거꾸로 생각해보자. 우리가 음을 놓치지 않고 소리 나는 말들을 다 들으려면, 모든 음역대를 맞출 수 있는 유연함이 있어야 한다. 음역대를 맞춘다는 것, 이것이 영어 듣기에 상당히 중요한 부분이기도 하다.

영어를 유난히 잘 듣는 사람들이 있다. 내가 캐나다에서 만난 20대 어학연수생도 그랬다. 학교에서 배운 영어가 전부이고, 따로 영어를 공부한 적은 없어서 영어로 말을 잘하지 못했다. 그런데 그 학생은 말을 하는 것에 비해서, 영어를 다른 사람들보다도 훨씬 잘 듣고 이해했다. 그리고 그의 영어 실력은 하루가 다르게 쑥쑥 향상되었다. 잘 들리니, 금세 잘 말하게 된 것이다. 그는 어떻게 영어가 잘 들릴 수 있었을까?

알고 보니 그는 음악을 듣는 것을 좋아했다. 영어 듣기를 위해 팝송만을 열심히 들었던 건 아니었다. 그냥 어떤 음악이든 듣는 것을 좋아했고,

특히나 청음이 좋았다. 한 번 들은 음은 잊지 않았고, 곧잘 피아노로 칠 수 있기도 했다. 그러고 보니 주변에 음악을 자주 즐겨 듣는 사람들이 듣기 실력도 좋았다.

### 익숙한 주파수 대역을 넓혀 나가라

영어를 사용하고 영어권에서 생활한다고 해서 원어민들과만 대화하지 않는다. 요즘 세상에 영어를 사용하는 환경에 있다 함은 글로벌한 환경에 있다고 해석해도 과언이 아니다. 특히 나의 유럽 생활과, 싱가포르 생활에서 경험한 바에 의하면 원어민과의 대화보다 외국인과의 소통을 영어로 하는 경우가 더 많았다. 프랑스 사람이 쓰는 영어, 독일 사람이 쓰는 영어, 스웨덴 사람이 쓰는 영어, 인도 사람이 쓰는 영어, 일본 사람이 쓰는 영어 모두 각기 각 나라의 특유한 악센트와 고유의 영어 습관을 가지고 있다.

이러한 추세를 반영하듯이 토익도 다양한 악센트의 외국인 영어가 듣기 문제로 출제되기도 한다. 미국의 토플TOEFL처럼 영국에도 공인 영어시험인 아이엘츠IELTS가 있다. 이 시험에서는 듣기 문제에 인도 또는 파키스탄 사람들의 영어가 출제된다. 영어를 사용한다는 것 자체가 이들과 함께 어우러져 살아가야하는 의미를 내포하고 있다.

미국식 영어 발음을 절대 정답으로 듣고 살아온 우리는 다양한 영어에 익숙하지 않다. 그런데, 내가 본 사람들 중, 이들 영어를 쉽게 알아듣는 사람들의 공통점이 모두 음악을 자주 듣는다는 것이다. 이들은 음악을 듣듯이 상대의 말을 듣는다. 상대가 말하는 첫 음을 머릿속에서 잡고 편안하게 음을 타듯 듣는다. 처음 듣는 노래를 따라 부르는 것처럼, 마음과 귀를 열고 따라가는 것이다. 그렇게 하면 음정이 하나하나 들리듯, 상대의 말이 다 들리는 것이다.

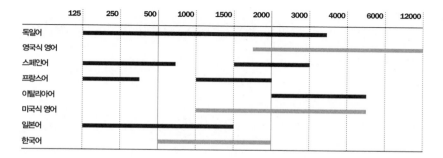

알프레드 토머티스 박사는 언어별 주파수 대역을 소개한 적이 있다. 프랑스의 이비인후과 의사이면서 의학자인 그는, 각 언어별 주파수 대역이 다르다고 했다. 주파수 대역이 다르기 때문에 생소한 언어가 귀에 들리지 않는다는 것이다. 예를 들어 영국식 언어는 주파수 대역이 2,000~12,000Hz이고, 미국식 영어는 800~3,500Hz, 일본어는 100~1,500Hz라고 한다. 한국어는 대략 500~2,000Hz를 차지하는데, 주파수 대역이 다르기 때문에 상대적으로 영어 듣기가 어렵다고 한다.

토머티스 박사 연구 결과에 따르면, 결국 가능한 어린 시절부터 다양한 주파수 대역에 익숙해지는 것이 중요하다. 익숙해지는 방법으로 영어를 꾸준히 듣는 것도 중요하지만, 개인적으로는 클래식 음악을 추천하고 싶다. 다양한 음역 대를 들을 수 있기 때문이다. 그리고 클래식 음악을 많이 들어 영어뿐만이 아니라 다른 언어들도 쉽게 들을 수 있게 말이다. 어른이 되었다고 해서 늦었다는 생각은 들지 않는다.

지금이라도 다양한 음악을 많이 들으면서 익숙한 주파수 대역을 넓혀 나가면 좋지 않을까?

### 분석하지 말고 목소리의 음을 타고 들어라

뿐만 아니라 듣기를 잘하기 위해서는 평소 단어를 공부할 때 소리 내서 읽으면서 공부하는 것도 중요하다.

한 번은 한 학생이 질문을 했다.

"영어 단어를 열심히 외우는데 영어가 들리지 않아요!"

듣기 평가 점수가 잘 나오지 않는다며, 어떻게 해야 하냐고 물어왔다. 나는 영어 단어를 외울 때, 어떻게 하는지 물어봤다. 손으로 쓰면서 외운다고 했다. 단어 하나당 거의 스무 번 이상은 쓴다고 했다. 소리 내서 읽으면서 단어를 외우는지 물어봤다. 그렇게 하지 않는다고 했다. 바로 그 부분이 그 학생 영어공부의 문제점이었다. 영어를 공부하면서 도통 소리를 내지 않았다.

잘 들으려면, 내가 잘 읽어야 하는 것도 중요하다. 내가 아는 단어가 귀에 들리려면, 그 단어의 소리가 나에게 익숙해져야 한다. 요즘은 단어를 검색하면 발음을 직접 들을 수 있다. 그렇게 들은 발음을 따라하고, 소리 내면서 단어를 공부하는 것이 필요하다. 내가 정확하게 발음해내는 단어는 독일식 영어든, 프랑스식 영어든 맞추어져 들린다. 이 부분에서 사람의 뇌가 참 신기하기도 하다.

평소 영어 라디오를 듣거나, 영화를 볼 때에도 말을 이해하려고 하기 전에 음악을 듣듯이 그 사람의 억양에 음을 맞추고 음악을 듣듯 그 음을 타고 들어보라. 말을 이해하려고 집중해서 들을 때보다 훨씬 더 잘 들릴 것이다. 그리고 단어를 공부할 때는 꼭 소리 내서 읽으면서 단어를 공부하라!

# 03 촌스러운 발음, 세련되게 만들기

씽킹Sinking과 씽킹Thinking의 차이는?

"메이 데이, 메이 데이, 캔유 히어러쓰?

(May day, May day, Can you hear us?)

위 아 씽킹! 위 아 씽킹!

(We are sinking! We are sinking!)"

"헬로오, 디스 이즈 저먼 코스트 가드.

(Hello, this is german coast guard.)

왓 아 유 씽킹 어바웃?

(What are you thinking about?)"


"메이 데이! 메이 데이! 들립니까?

우리는 가라앉고 있다! 우리는 가라앉고 있다!"

"여보세요, 독일 해안경비대입니다.

무슨 생각하고 있습니까?"


교재는 거들 뿐, 말로 시작해서 말로 끝내는 어학원으로 유명한 벌리츠Berlitz라는 어학원의 광고 영상 속 대화다. 새로 들어온 독일 해안 경비대에게 다급하게 구조를 요청하는 장면인데, 독일 해안 경비대는 '가라앉는다'는 표현의 sinking 발음과 thinking 발음과 구분을 하지 못해 thinking으로 생각하고 만다.

꽤 오래된 영상인데, 유튜브에서 'German Coast Guard Trainee'라고 치면 동영상을 찾아볼 수 있다. 이 광고는 발음의 중요성을 단적으로 보여준다.


한국인이 특히 못하는 발음, 꼭 구분하라

우리나라 사람들이 영어를 할 때 유독 신경 쓰는 것은 문법, 그리고 발음이다. 발음이 좋고 나쁘고를 두고 영어를 잘한다 못한다를 판단하기도 한다. 자신의 발음이 좋지 않음에 쑥스러워하기도 한다. 전혀 그럴 필요가 없는데도 말이다. 발음은 중요하다. 특히 꼭 구분해서 들어야 오해가 생기지 않는 발음들이 있다. 앞의 광고 영상도, 결국 's' 발음과 'th' 발음이 구분되지 않아 생긴 의사소통의 오류다. 이런 부분을 피하려면 꼭 구분해서 명확하게 발음해야 하는 단어들이 있다. 특히 우리나라의 발음체계에는 없는 발음들은 연습해주어야 한다.

① 'b'와 'v', 'p'와 'f'

'b'와 'v'는 각각 'p'와 'f' 발음에서 성대를 울려주는 소리로 발음하게 된다. 'p' 발음이 입술 끝에서 나는 발음이라면, 'b'는 'p'를 기초로 하여 성대를 울려주면서 나는 소리이다. 'v'는 'f' 발음처럼 윗니로 아랫입술을 약간 물면서 성대를 울려주면 'v' 발음이 된다.

② 'r'과 'l'

'r'과 'l' 발음이 한국 사람들에게 조금 힘겹다. 왜냐하면 우리에게 정확하게 이 두 자음의 중간 발음인 'ㄹ'이 존재하기 때문이다.

| 영어 L 발음 | 영어 R 발음 | 한국어 ㄹ 발음 |

　'라디오'를 소리 내서 읽어보자. '라디오'의 '라'를 발음할 때, 혀의 위치가 어디에 있는가? 입천장의 약간 앞쪽이지만, 윗니까지 닿지 않는 중간보다 살짝 앞에 혀가 닿는다. 다시 '라디오'라고 읽어보자. 혀의 위치가 확인이 되는가? 되었다면, 이제 'radio'를 발음해보자. 이때, 혀를 뒤쪽으로 한껏 끌어당겨야 한다. 그리고 혀끝이 입천장에 닿지 않는 것이 포인트다.

　　radio
　　lion

　반면 'lion'을 읽어보라. 이 때 혀끝은 윗니 뒤에 와닿는다. 더 심하게 발음하기 위해서 살짝 혀가 윗니 아래에 나오기도 한다. 다시 읽어보라.
　이렇게 우리나라 발음의 'ㄹ' 과 'r', 'l'의 발음은 혀끝의 위치로 그 감각을 찾아보라.

③ 'y +e'

'year'

'ear'


소리 내어 각각 읽어보자. 혹시 둘 다 똑같이 발음하고 있지 않은가? 다시 해보자. 똑같이 발음이 난다면, 이 부분도 교정해보자. 'year'를 발음할 때, '이' 소리를 조금 길게 내야 한다. '이'로 발음 나는 것을 두 번 하는 기분으로 발음해보자. '이이어'로 말이다. 반면 'ear'는 짧게 소리 내어 주면서 두 단어를 구분하는 연습을 하라. 이외에도 많은 발음 교정이 필요하겠지만, 대표적으로 한국 사람들이 쉽게 발음되지 않는 부분들을 짚어보았다.


### 한국식 영어 발음을 촌스럽게 만드는 소리들

흔히들 한국식 발음이 무언가 촌스럽게 느껴진다는 말을 많이 한다. 버터 바른 것처럼 미국의 원어민처럼 발음된다면 좋겠지만, 한국어를 모국어로 쓰는 상황에서는 발성과 사용 근육들이 다르게 발달 되어 왔기 때문에 성인이 된 이후에는 조금 힘이 든다. 그래서 굳이 영어 발음을 더 미국스럽게 하려는 노력은 할 필요가 없을 듯하다. 다만 오랜 시간 한국 사람들이 하는 영어를 보면서 유독 한국식 영어 발음이 촌스럽게 느껴지는 몇 가지 이유를 발견했다.

① 불필요한 '으' 사운드

mask


소리 내서 읽어보라. 보통 우리는 '매스크' 또는 '마스크'라고 읽는다. 여기서 중요한 것은 이 단어에서 모음 사운드는 'a' 밖에 없음에도 우리가 읽을 때는 'sk' 부분을 '스크'로 발음 하고 있다. '으'라는 모음이 각각 발음 되고 있는 것이다. 실제 발음은 '으' 모음이 없이 'ㅅㅋ'로 발음되어야 한 다. 'ㅅ' 발음과 'ㅋ' 발음의 각각 음가만 소리 내야 한다.


매스크 (X)

매ㅅㅋ (O)


카톡 메시지에 혹시 'ㅋㅋㅋㅋ'을 많이 쓰는가? 이 웃음소리를 읽으면, 정확하게 '크크크크' 하지 않고 'ㅋ'의 음가만을 낸다. 그것과 마찬가지로 'mask'를 발음할 때에는 'a'만 모음과 함께 발음하고 나머지는 'ㅅㅋ'로 발 음 되어야 한다. 강세는 당연히 'a'에만 들어간다. 그래서 심할 경우, 원 어민이 발음하는 'mask'를 처음 들으면, '매'만 들릴 수도 있다. 'sk' 부분 이 모음 없이 음가만 소리가 나서 약하게 들리기 때문이다. 'left'도 마찬 가지이다.

② 모음 없는 자음을 받침으로 발음하기

모음이 없는 자음만 있을 때, 앞 모음에 이어 받침으로 발음해버리는 경우도 있다.

cup

소리 내서 읽어보자. 혹시 '컵'으로 읽고 있지 않은가? '컵'이 아닌, '커프'으로 'p'에 해당하는 음가를 별도로 소리를 내주어야 한다.

컵 (X)

커프 (O)

그래야 세련되고 정확한 발음이 될 수 있다. 실제 'cup'이라는 단어를 검색해서 반복해서 유심히 들어보자. 절대 받침 발음이 아니고 'p'의 음가만 들린다. 이런 부분들을 유의해 가면서 연습하면 발음이 훨씬 세련되어진다.

③ 지나친 'r' 사운드

영어가 혀가 꼬인 언어라고 생각하는 고정관념에서 비롯된 습관이다. 혀가 꼬여야 한다는 생각 때문에 'r'이 없는 곳에서도 'r' 사운드를 넣는 경우를 종종 본다. 이로 인해 입 안에서 맴도는 듯한 소리가 난다. 'r' 발음이 없는 곳에는 'r'과 같이 혀를 꼬는 발음은 하지 말자. 강의할 때는 직접 들으면서 이렇게 지적을 하곤 한다.

"'r'이 없어요. 혀를 쭉쭉 펴주세요!"

④ 부적절한 곳에 사용되는 the

'the'가 있다. 'the'가 필요 없는 부분에서도 영어로 말을 할 때 유독 많이 넣는다. 'the'는 대화를 나눈 쌍방이 알고 있는 '그'것을 지칭할 때 사용된다. 예를 들어, 사과가 하나 있다고 하자.

"I gave an apple to Angelina." (내가 사과를 안젤리나에게 주었다.)
"She ate the apple." (그녀가 그 사과를 먹었다.)

이때 안젤리나에게 준 사과는 사과 한 개에 지나지 않는다. 하지만 내가 안젤리나에게 줌으로써, 이 사과는 '내가 안젤리나에게 준 그 사과'로 정의가 된다. 그때 'the apple'이라고 한다. 즉 "I gave an apple to Angelina."에서의 사과는 정의되지 않은 그냥 하나의 사과이다. 그래서 an apple로 표현되는데, 이 사과를 안젤리나가 먹으면 나는 이것을 'She ate the apple.'이라고 표현한다. 그리고 이때는 내가 준 사과라는 것을 듣는 사람도 알기 때문에 'the' apple이 된다. 이렇게 서로가 '그'것이라는 것을 알고 있지 않는 상황에서는 'the'를 쓰지 않는 것이 보통이다. 그런데, 우리는 말을 하다 보면 중간중간 필요 없는 곳에서 'the'를 계속 말한다. 이런 'the'는 군더더기다.

이 부분들을 고치면, 당신의 영어가 한결 세련되게 들릴 것이다.

# 04 강세와 끊어 읽기로 전달력을 높여라

If you really want to do something, you'll find a way.
If you don't, you will find an excuse.
진정으로 무엇인가 하기를 원한다면, 방법을 찾을 것이다.
그렇지 않다면, 변명거리를 찾을 것이다.
— Jim Rohn 짐 론

**문제는 발음이 아니라 전달력이다**

"제 발음이 좋지 않아서 …."

영어 프레젠테이션을 앞두고 이런 고민을 하는 사람들이 많다. 하지만
정작 영어 프레젠테이션에서 발음보다 중요한 것은 전달력이다. 발음뿐
만 아니라, 발성, 호흡, 말투 등을 모두 포괄하여, 청중에게 전달하고자
하는 메시지를 효과적으로 전하는 전달력!

우리가 영화를 보면서 연기를 잘한다고 생각하는 배우들을 곰곰이 살펴보면, 감정 표현뿐만 아니라 대사 전달력이 탁월하다. 화면을 보고 있지 않아도 배우들의 대사가 귀에 확 꽂힌다. 전달력은 그런 것이다. 전달력은 단순히 원어민처럼 하는 발음만의 문제가 아니다. 한국어를 생각해보자. 모국어인 한국어도 말하는 사람에 따라서 전달력의 차이가 있다. 그러니 발음이 아닌 전달력에 더 초점을 맞추어야 한다. 구분해야 하는 발음만 명확하게 구분하고, 일상에서 대화할 때에도 전달력에 더 많은 노력을 쏟아야 한다.

### 강세 – 중요한 단어를 찍어 누르듯 소리내라

전달력을 높이려면 기본적으로 두 가지에 초점을 맞추어서 연습하는 것이 좋다. 첫 번째는 강세, 즉 악센트Accent다. 악센트는 말 그대로, 내가 전하는 문장 안에서 어떤 정보가 더 중요한 지에 따라 주는 강세라고 보면 된다. 한 단어 내의 강세가 아니라 문장 전체에서의 강세다. 강세를 주는 방법은 간단하다. 중요하다고 생각하는 단어를 찍어 누르듯 소리내면 된다. 평소 말하는 톤에서 음을 한 톤만 높여라.

"I didn't know."

이 때 'I'에 강세를 주어서 읽어보자. 그리고 'didn't'에 강세를 주어서 읽어보자. 각각 강세를 주는 위치에 달라 전달하는 어감이 달라진다.

"I didn't know." (다른 사람은 다 알았겠지만) 나는 알지 못했다.
"I didn't know." (다른 것은 알았을 수도 있지만) 나는 알지 못했다.

'I'에 강세를 주어서 말을 할 때에는 '나는' 몰랐다는 것이 중요한 정보이다. 'didn't'에 강세를 주어 읽으면 '알고 있었냐, 알지 못했냐?'라고 물을 때, 몰랐다는 사실에 강점을 주어 전달하는 효과를 준다. 같은 말이라도 어디에 강세를 주느냐에 따라 함축적 의미가 달라진다. 마찬가지로, 다음 예문에서 연두색으로 표시된 단어들에 강세를 주면서 읽어보자. 각각의 의미가 달라짐을 느낄 수 있을 것이다.

I didn't say that he had stolen the money.
I didn't say that he had stolen the money.
I didn't say that he had stolen the money.
I didn't say that he had stolen the money.
I didn't say that he had stolen the money.
I didn't say that he had stolen the money.
I didn't say that he had stolen the money.

이렇게 자신이 원하는 메시지를 정확하게 전달할 수 있는 전달력을 높이는 것이 관건이다.

관련하여, 더 많이 공부해보고 싶다면, 앤 쿡Ann Cook의 『American Accent Training』이라는 책을 권한다. 작가 앤 쿡은 25년간 미국식 악센트를 익히는 방법을 찾는 데 전념했고, 이 책에서 미국식 영어 악센트를 단기간에 쉽게 익히는 방법을 제시하고 있다. 한국어판도 있지만 되도록 영어로 된 원서를 사서 공부해보면 더 효과적일 것이다.

### 말의 밀고 당기는 기술, 끊어 읽기

두 번째로 연습해두면 좋은 기술이 적절한 곳에 잠깐 멈춤에 휴지, 퍼즈Pause를 두는 것이다. 즉 '끊어 읽기'다. 사람들 앞에서 말할 때 가장 쉽게 주목을 끄는 방법이 무엇일까? 갑자기 큰 소리를 내는 방법도 있지만, 실제로 가장 효과적인 방법은 침묵이다. 무대에 서서 침묵하고 서 있으면, 신기하게도 사람들이 조용해지면서 무대 위의 연사를 응시한다. 명배우들의 대사 처리에서도 주요하게 쓰인다.

이와 마찬가지로 말을 할 때 내가 강조하고 싶은 부분이 있으면 퍼즈를 두고 살짝 끊어 읽기를 하는 것이 상당히 효과적이다. 말의 밀고 당기기를 가능하게 한다.

하나의 문장 안에서 어느 부분에 끊어 읽어야 적절할지를 먼저 파악해야 한다. 즉 의미상 끊어 읽기가 중요하다. 끊어 읽지 않는 하나의 덩어리는 연음을 사용하여 발음을 하되, 끊어 읽는 부분은 잠깐 호흡을 멈추는 기분으로 살짝 끊어주어야 한다. 우선 한국말로 예를 들어보자.

"아줌마 파마 해주세요."

이 때, 어디에서 멈추느냐에 따라 결과는 아주 달라진다.

1. "아줌마 파마 / 해주세요."
2. "아줌마 / 파마 해주세요."

알겠는가? 1번은 '아줌마 파마'를 해달라는 것이고, 2번은 '아줌마'에게 파마를 해달라고 요청하는 것이다. 영어도 마찬가지다.

1. "I have two brothers who are doctors."
2. "I have two brothers, who are doctors."

두 문장의 차이는 쉼표 하나다. 이 쉼표에서 잠깐 퍼즈를 주게 되는데, 그럼으로써 두 문장의 의미에 큰 차이를 불러온다. 문제를 내겠다. 두 문장에서 '나'는 몇 명의 남자 형제가 있는가?

1. 2명일 수도 그 이상일 수도 있다. 대신 남자 형제 중 의사인 사람은 2명이다.
2. 2명의 남자 형제만 있다. 그리고 그들은 의사다.

의미 차이가 확연하지 않은가? 글로 표현이 될 때에는 쉼표가 있어 쉽게 눈으로 구분할 수 있다. 하지만 이것을 말로 표현할 때에는 따로 쉼표를 보여줄 수 없다. 그 역할을 퍼즈가 해준다.

여기서 주의할 점은 잠깐 멈출 때 입을 닫으면 안 된다는 것이다. 입 모양이 열려 있는 상태에서 아주 잠깐 호흡을 멈춰주는 정도이다. 입술을 앙다물게 되면, 문장이 끝난 인상을 준다.

끊어 읽기를 연습하려면 책이든 뉴스든 의미상 끊어 읽기 표시를 하면서 소리 내 읽어보는 것이 중요하다. 의미상 끊어지는 부분을 '/'로 표시해서, 그 부분에서는 아주 잠깐 끊어준다. 그 외에는 연음을 이용해서 부드럽게 말하면 된다.

지금까지 설명한 강세와 끊어 읽기를 적절히 활용하면, 당신이 영어로 말을 할 때 의미의 전달력을 높일 수 있다. 발음도 중요하지만 그보다 더 중요한 것은 얼마나 내가 전하고자 하는 메시지를 상대에게 전달할 수 있느냐이다. 특히 사람들 앞에서 프레젠테이션을 해야 할 경우, 이 두 가지를 적절하게 잘 활용하면 원하는 방향으로 청중의 마음을 이끌어낼 수 있다.

# 05 있는 힘껏 소리 내서 읽어라

I find that the harder I work, the more luck I seem to have.
더 많이 노력할수록, 더 많은 행운을 갖게 된다.
– Thomas Jefferson 토마스 제퍼슨

### 100번 보는 것이 한 번 해보는 것만 못하다

100번 듣는 것이 한 번 보는 것만 못하다. 그리고 100번 보는 것이 한 번 해보는 것만 못하다. 영어도 그렇다. 100번을 듣고, 100번을 눈으로 읽어도 한 번 소리 내서 말해보는 것이, 그리고 한 번 손으로 직접 문장을 만들어서 써보는 것이 훨씬 낫다. 말이기 때문에 내 입으로 직접 내뱉어보아야 내 입에 붙는다. 머릿속에서만 맴도는 영어가 아닌 입으로 말을 할 수 있는 영어로 만들어야 한다.

그러기 위해서는 눈에 보이는 모든 영어는 소리 내서 읽어야 한다. 처음 한글을 깨우친 아이들은 길을 가다 눈에 보이는 간판, 전단지 등을 모조리 다 소리 내서 읽는다. 틀리는 부분이 있으면 엄마가 다시 읽어주고, 그러다 보면 어느 새 한글 읽는 것이 더 이상 어렵지 않게 된다. 아마 여러분도 그랬을 것이다. 영어도 마찬가지다. 보이는 대로 무조건 소리 내서 읽는 것이 중요하다.

## 한 문장은 한 호흡으로 읽어라

소리 내서 읽을 때 염두에 두어야 할 것이 하나 있다. 한 문장은 한 호흡으로 읽기다. 한 호흡으로 읽는다는 말이 생소하게 들릴 수도 있다. 한 문장을 한 호흡으로 읽는다는 말은 문장을 시작하는 부분에서만 호흡을 들이 마시고 문장 중간에 다시 호흡을 들이 마시지 말라는 이야기다.

의미상 끊어 읽는 부분에만 입을 열어둔 채로 호흡을 잠깐 멈추라. 멈춤 이후의 단어를 읽을 때에는 다시 숨을 들이 마시지 않아야 한다. 쉼표가 있다면 숨을 살짝 들이키는 것은 괜찮다. 그렇지 않을 경우에는 숨을 들이키면 호흡이 끊긴다.

호흡이 끊긴다는 말은 문장의 맥이 끊긴다는 말이다. 문장의 맥이 끊기면 의미가 끊기고 정확한 내용이 전달되기 어렵다.

"문장이 긴 경우도 있는데 어떻게 해요?"

복식 호흡을 연습하라. 가슴으로 숨을 쉬는 것이 아니라, 숨을 깊게 들이마셔서 배로 숨을 쉬는 호흡이다. 한 번에 많은 양의 숨을 들이 마실 수 있다. 한 번 크게 숨을 들이 마신 후 '아' 소리를 나지막하게 내면서 숨을 고르게 내뿜는다. 이 때 타이머를 이용해서 호흡이 얼마나 길게 갈 수 있는지 측정해보자. 처음에는 10초 내외로 호흡이 끊긴다. 연습을 계속하다 보면, 20초를 넘기고 30초를 넘기게 된다. 이렇게 복식 호흡을 통해서 호흡을 길게 유지하는 연습을 하면 좋다. 그래야 한 문장에 한 호흡으로 소리 내서 읽기 편해진다.

### 매일 뉴스 한 꼭지씩 소리 내서 읽는 연습하라

무엇을 읽으면 좋을까? 소설책을 읽어도 좋다. 하지만 나는 매일 뉴스를 한 꼭지씩 소리 내서 읽는 연습을 할 것을 추천한다.

뉴스를 작성하는 기자들은 대체로 글을 쓰는 능력이 일반 사람들보다 뛰어나다. 모호한 표현이 없고 정확하게 묘사한다. 한국의 '사설'인 'Opinion'란에서도 자신의 주장을 명확하게 펼친다. 그래서 뉴스에 나오는 기사들은 우리에게 영어를 적확하게 표현하는 데 많이 도움이 된다.

그렇다고 매일 쏟아지는 뉴스 기사 전체를 보기에는 한계가 있다. 그러므로 하루에 뉴스 한 꼭지를 선정해서 소리 내서 읽는 연습을 하자. 뉴스의 단어들이 어렵다고들 생각하는데, 뉴스에 나오는 단어들만큼 실생활에 자주 쓰이는 단어들도 없을 것이다. 그리고 하나의 분야를 정해서 경제면 경제, 정치면 정치, 딱 한 분야의 뉴스만 한 달만 파고들어라. 그러면 그 분야의 관련 용어부터 자주 쓰이는 표현까지 익힐 수 있다. 뉴스 기사는 후속 기사도 많이 나오기 때문에 내용의 연결성도 있으면서 매 기사마다 반복적으로 쓰이는 표현들을 쉽게 찾아 볼 수 있다. 그래서 읽어가다 보면 점점 더 쉬워진다.

그러면 어떻게 소리 내서 읽으면 공부에 좀 더 효과적일까?

① 먼저 읽으려는 분야를 정해서 뉴스 기사 하나를 출력한다.
② 의미상 끊어 읽을 부분에 '/로 표시해가며 읽는다.
③ 주어와 동사를 찾아가며 끊으면 좋다.

이는 직독직해에 도움이 되는 연습이기도 하다.

## 의미상 구분되는 표현들을 끊어라

재미있는 예문을 하나 보자.

"A dollar is a dollar is a dollar."

경제 평가에 사회적 관점도 포함되어야 한다는 말이다. 한 회사의 모든 비용과 그에 따르는 영향이 어디에서 발생이 되어도 다 같이 포함되어서 바라봐야 한다는 말로 사용된 문장이다. 해석하면 '돈이 돈인 것은 돈이다.'라는 뜻이다.

이 문장을 효과적으로 표현하려면 어디에서 끊어 읽어야 할까?

"A dollar is a dollar / is a dollar."

이렇게 끊어주면 된다. That이 생략된 명사절이 주어 부문으로 사용된 경우다. 같은 표현이 두 번 연속 나오지만 의미상 끊어 읽어주면 어떤 의미인지 쉽게 이해가 간다. 한 번 표시대로 끊어서 읽어보자.

이렇게 주어와 동사 부문, 그리고 그 외 꾸밈의 말들을 중심으로 끊어보자. 전체 뉴스를 처음에 한 눈으로 훑어가면서 의미상 구분되는 표현들을 끊어가면 된다. 한 기사를 모두 끊었으면, 끊어진 위치는 마침표가 표시 되어 있지 않은 이상 퍼즈를 주어가며 읽으면 된다. 마침표에서는 말 그대로 'full stop'이다. 입을 앙 다물어서, 다음에 나오는 주어와 동사가 앞의 문장과 이어지지 않는 느낌을 주어야 한다.

처음 읽을 때는 단어 하나하나를 끊어 읽을지도 모른다. 하지만 조금씩 의미를 이해하면서 읽기 시작하면 하나의 의미 덩어리로 묶여 있는 단어들을 편안하게 연음처리를 해가면서 읽어나갈 수 있을 것이다.

영어를 빠른 시간 안에 잘하는 방법은 결국 자주 접하는 것이다. 자주 접하고, 글자로 접하는 모든 영어는 소리 내서 읽어라. 소리 내서 읽은 문장은 입에 익숙해질 것이다. 그러면 결국 그 문장들이 내 것이 된다. 언젠가 필요한 날이 온다. 당신의 입으로 그 문장을 만들게 된다.

꼭! 소리 내서 읽어보라.

## 녹음해서 스스로 피드백하라

뉴스를 한 번 전체적으로 읽은 후, 다시 한 번 더 읽어보라. 이때 스마트폰으로 바로 녹음하라. 녹음을 하면서 틀리더라도 개의치 말고 그대로 읽어나가라. 그리고 녹음한 파일을 들어보라. 많은 사람들이 낯간지러워서 못 듣고 있겠다고 한다. 하지만 용기내서 들어라. 들으면서 내가 읽어나가는 뉴스 내용이 잘 전달되는지 파악해야 한다.

녹음한 내용을 다시 들으면 내가 어느 부분의 발음이 약한지부터 어떤 부분에서 전달력이 약한지도 들린다. 제3자로서 객관적인 위치에서 냉철하게 분석해야 어느 부분이 잘못되었는지 쉽게 지적할 수 있다.

몇 가지 교정해야 할 부분들이 나올 것이다. 완벽하게 잘못된 부분을 모두 찾으려고 하지 말자. 하루에 2~3가지 정도만 찾아내어 교정해서 다시 녹음하자. 두 번째 녹음할 때에는 교정하고 싶은 문장만 다시 읽어도 무방하다. 그 후 내가 교정하고자 한 부분이 잘 교정되었는지 다시 들어보면 된다.

# 06 외우지 말고 말을 만들어 써라

Respect your efforts, respect yourself. Self-respect leads to self-discipline.
When you have both firmly under your belt, that's real power.
당신의 노력과 자신을 존중하라. 자존감은 자기 훈련의 토대가 된다.
이 둘을 확실하게 갖추면, 진정한 힘이 된다.
– Clint Eastwood 클린트 이스트우드

**외운 게 생각 안 나면 머릿속이 새하얗게!**

"회사에서 영어 프레젠테이션이 있어요. 영어가 자신이 없는데, 스크립트를 만들어서 외우는 건 어떨까요?"

영어 프레젠테이션을 앞두고 준비를 한다. 영어 프레젠테이션을 잘하고 싶은 마음에 나에게 전화를 걸어서 묻는다. '영어가 안 되어서 말이 막히면 어떻게 하지?'하는 생각에 스크립트를 미리 짜서 외우려고 하는 사람들이 종종 있다. 그러면 나는 말한다.

"외우지 마세요. 그 분야의 전문가여서 하는 발표잖아요. 내용은 발표 자님께서 누구보다도 잘 알고 계신걸요. 영어라는 것 때문에 실수할까봐 긴장되어서 외우는 거라면, 오히려 외운 문장이 생각 안 나면 아무 말도 못해요."

나 역시 사람들 앞에서 처음으로 영어로 발표하게 되었을 때, 시간을 충분히 가지고 스크립트를 만들어서 외웠다. 그 결과는 참담했다. 어느 순간 한 단어가 떠오르지 않자 머릿속이 새하얘졌다. 내용 자체는 내가 알고 있는데도 말이다. 떨리는 목소리는 더욱 떨리기 시작했다. 나는 더 듬더듬 겨우 발표를 마쳤다. 그래서 나는 될 수 있으면 무언가를 외워서 발표하는 것을 권하지 않는다. 스크립트를 보고 읽는 것도 마찬가지다. 책 읽는 듯한 발표에 지루해하지 않을 사람은 없다. 청중과 호흡해야 하는데 혼자 책을 읽듯 한다. 앞에서 하품을 하든, 졸든 상관없이.

### 15단어 미만으로 간결하고 명확하게 말하라

외워서 말할 때의 문제점이 하나 더 있다. 애초에 구어체의 문장을 외우지 않으면 문장 하나가 길다. 문장이 길어지면 말의 메시지가 불분명해진다. TED에서의 강의나 명연설가들의 연설을 들어보자. 문장은 간결하다. 그 유명한 스티브 잡스의 스탠포드대학교 졸업식 연설을 잠시 들여다보자.

"Again, you can't connect the dots looking forward; you can only connect them looking backward. So you have to trust that the dots will somehow connect in your future. You have to trust in something — your gut, destiny, life, karma, whatever. This approach has never let me down, and it has made all the difference in my life."

문장들이 간결하다. 'and'와 같은 접속사를 사용하여 두 문장을 연결한 경우를 제외하고, 한 문장이 절대 15단어를 넘지 않는다. 간결하고 명확하게 전달하고자 하는 말을 한다. 말할 내용을 미리 작성하면 아무리 구어체로 쓰고자 해도 결국 문장이 길어진다.

어떤 사안에 대한 발표를 할 때 그 내용을 가장 잘 알고 있는 사람은 발표자다. 자신을 믿어라. 자신이 가지고 있는 영어로 충분히 모든 것을 설명할 수 있다. 대입 시험 준비를 위해 공부하면서 충분히 많은 단어를 외웠다. 그 단어들이 머릿속에 있다. 복잡하게 설명하려고 하지 말고 간결하게 말해보자. 생각보다 쉽게, 그리고 효과적으로 영어 프레젠테이션까지 해낼 수 있다.

독일에서 회사를 다닐 때, 유럽 친구들이 발표하는 모습을 자주 접했다. 그들은 스크립트 따위를 만들지 않았다. 그들의 영어가 우리보다 뛰어나게 보이는 이유는 영어로 말을 만드는 것을 아주 자유롭게 하기 때문이다. 우리는 늘 문법에 얽매여서 정확하지 않은 말을 하면 시험에 답을 틀린 것처럼 부끄러워한다. 그럴 필요가 전혀 없는데도 말이다.

한 번은 독일인 직장 동료와 영국으로 출장을 갔다. 일을 마치고 같이 저녁을 먹으러 가는 길에 현금을 찾아야 해서 ATM 기계 앞에 섰다. 카드를 기계에 넣었는데 오작동을 했다. 카드도, 현금도 나오지 않았다. 난감했다. 고객센터로 전화를 걸어 막상 상황을 설명하려고 하니, 뭐라고 해야 할지 생각이 나지 않았다. 적합한 단어가 떠오르지 않았다. 머뭇거리면서 설명을 못하고 있으니, 옆에 있던 독일인 직장 동료가 핸드폰을 받아서 대신 설명했다.

"The machine ate her card."
(기계가 얘 카드를 먹었어.)

너무나도 간단하게 상황을 설명했다. 나의 독일인 직장 동료는 영어를 사용할 때, 적절한 단어를 꼭 써야 한다는 강박관념이 없었다. 자신이 설명할 수 있는 쉬운 단어로 설명했다. 자꾸 어려운 단어를 떠올려 포장하다 보면 말이 더 어려워진다. 쉬운 단어로도 충분히 많은 말들을 표현해낼 수 있다. 암기한 것으로만 표현해야 한다는 관념이 말을 막는다. 그러면 영어를 사용할 때 생각도 유연해지지 못한다.

### 질문하면서 쉽게 문장을 만들어라 – 누가 무엇을 언제 했는가?

단어뿐만 아니라 문장을 만드는 것 역시 그렇다. 일정한 표현을 통째로 외워서 사용하기보다 자유롭게 필요한 단어들을 써서 말을 만들어내라. 영어로 말을 만들 때에는 질문을 하면 훨씬 쉽다.

가장 기본은 세 가지다.

누가 어떤 행동을 했다. 무엇을. 언제.

처음에 ① 누가 어떤 행동을 했는지를 먼저 내뱉는다.

내가 찾았다.

I found.

② 무엇을? 내가 사랑하는 것what I loved to do을.

I found / what I loved to do.

③ 언제? 젊은 시절early in life에.

I found / what I loved to do / early in life.


"I found what I loved to do early in life."

나는 젊은 시절에 내가 사랑하는 것을 찾았다.


기본 외에 더 많은 정보를 넣을 수도 있다.


① 워즈와 내가 시작했다.

Woz and I started.


② 무엇을? 애플Apple을.

Woz and I started / Apple.


③ 어디에서? 부모님 차고my parents' garage에서.

Woz and I started / Apple / in my parents' garage.


④ 언제? 내가 스무 살 때.

Woz and I started / Apple / in my parents' garage / when I was 20.

"Woz and I started Apple in my parents' garage when I was 20."

나와 워즈는 내가 스무 살 때 부모님의 차고에서 애플을 시작했다.

주어 동사를 앞에 배치하고 관련 정보들을 물으면서 말을 만들어내는 것이다. 이렇게 문장을 만들어내는 연습을 꾸준히 해보자. 정해진 문장을 그저 외우기만 할 때보다 영어 표현력은 더욱 풍부해질 것이다.

그리고 새로 습득한 단어가 있다면 그 단어로 나만의 문장을 만드는 연습을 하자. 새로운 단어가 아니더라도 5개 정도 단어를 임의로 정해놓고 그 단어를 꼭 써서 영어로 일기를 매일 쓰는 것도 좋은 방법이다.

# 영어 프레젠테이션 표현

도입 부분에 유용한 영어 표현!

"The topic (title) of today's presentation is ~"

오늘 제가 발표할 주제는 ~ 입니다.

"What I am going to talk about today is ~"

오늘 제가 이야기하려고 하는 내용은 ~입니다.

"I am here to talk about ~"

~에 대해 이야기하고자 이 자리에 섰습니다.

"I am going to talk about ~"

~에 대해 이야기하겠습니다.


단락 단락 넘어갈 때 유용한 영어 표현!

이전 단락 내용 요약

"So this sums up my first point on ~"

첫번째 포인트를 요약하자면 ~

"Once more, I would like to emphasize that ~"

다시 한번, 제가 강조하고 싶은 내용은 ~


다음 단락 내용 요약

"This brings me to my next point that ~"

다음 내용인 ~으로 넘어가겠습니다.

"Let me move on to ~"

~으로 넘어가겠습니다.


마무리 단계에서 유용한 영어 표현!

전체 요약 내용

"To sum up, ~" 요약하자면 ~

"In short, ~" 간단히 말하자면 ~


전체 중요 메시지

"Let me run over my key points again."

전체 중요 포인트들을 다시 한번 짚어보겠습니다.


발표 내용의 중요 포인트

"The key points of my presentation today as follows."

오늘 제가 발표한 내용의 중요한 사항은 다음과 같습니다.

# 07 유아틱한 영어, 시제로 벗어나라

The way to get started is to quit talking and begin doing.
시작하는 방법은 말하는 것을 멈추고 행동에 옮기는 것이다.
– Walt Disney 월트 디즈니

## 시제는 문법이 아니라 표현법이다

"오늘 아침에 빵 먹었다요."

몇 년전, 한 TV 프로그램에서 아이들이 나와 아빠와 함께 여행을 다니면서 커가는 과정을 보여준 적이 있다. 한 아이의 말투가 저랬다. 한국어 높임말의 사용법이 서툴러서 '먹었다.'라는 반말에 '요'만 붙여서 높임말을 표현했던 것이다. 아이가 저렇게 말을 하니 그저 귀엽기만 했다. 하지만 40대 남성이 저렇게 말을 한다면 어떨까? 어디선가, 무언가 날아올지도 모른다.

영어가 아직 익숙하지 않은 사람들이 말을 하면 아이가 말을 하는 것처럼 들린다. 예를 들면 이렇게 말하는 것이다.

"나 어제 밥 먹는다."

상대는 알아듣는다. '어제 밥을 먹었구나.' 하지만 귀엽게 들린다. 다른 말로 하면 유아틱하다. 시제를 정확하게 표현하지 못하면 이런 일이 벌어진다. 그리고 종종 시제가 틀려서 서로 못 이해하는 경우도 생긴다. 그래서 문법이 싫다는 사람에게도 꼭 이것만은 공부하라고 하는 것이 시제이다. 시제는 문법이라기보다 표현법에 더 가깝다.

영어에는 총 12가지의 시제가 존재한다. 현재-과거-미래, 기본-진행-완료-완료 진행을 조합해서 총 12개다. 그중에서도 명확하게 이해되지 않는 시제들만 짚어보려고 한다. 이 부분만 잘 활용해도 영어가 훨씬 유창하게 들린다.

### 단순 현재 시제|Simple Present
단어를 외울 때 동사는 단순 현재 시제의 형태로 외운다. 그래서인지 초보자들이 가장 많이 쓰는 시제이기도 하다. 하지만 실제 영어에서 단순 현재 시제는 현재 완료, 즉 have + p.p 시제보다도 덜 사용된다. 단순 현재 시제가 사용되는 경우는 어떤 상태 또는 사건이나 상황이 주기적으로, 항상 습관처럼 일어나는 일이다. 과거에도 그렇고 현재에도 그렇고 다가올 미래에도 규칙적으로 지속될 일이다.

내가 어떤 것을 좋아하거나 해가 매일 동쪽에서 뜬다든지 한국에는 겨울이면 눈이 온다든지 하는 말들을 표현할 때 쓰인다. 매일 아침 6시에 일어나는 것도 습관처럼 지속되는 일이라면 단순 현재 시제를 사용한다.

### 현재 완료Present Perfect vs. 단순 과거Past Simple

영어권에서 생활하면 가장 흔하게 많이 듣는 시제가 현재 완료형이다. have + 과거분사past participle 형태로, 현재 시점보다 이전에 막 일어난 과거 시점, 과거에서 일어난 일이 현재에도 지속되는 경우 등이다. 좀 더 쉽게 설명하기 위해서는 단순 과거 시제와 비교해서 보면 이해가 빠를 것이다.

단순 과거 시제도 역시 과거에 일어난 일에 대해서 말을 할 때 사용된다. 단순 과거 시제와 현재 완료형 시제의 큰 차이점은 '언제' 일이 일어났는지에 대한 명확한 표시가 있느냐 없느냐이다.

'일본에 가본 적이 있습니까?'

이 질문에서는 과거의 어느 시점에 일본에 가본 적이 있는지 묻고 있다. 하지만 명확한 시점은 궁금하지 않다. 이 경우 우리는 현재 완료 시제를 사용한다. 만약 가본 적이 있다고 해보자.

'일본에 언제 갔습니까?'

'언제' 갔었는지에 대한 물음은 시점이 중요해졌을 때이다. 그렇기 때문에 질문과 답에는 시점이 명확하게 표기가 되기 때문에 단순 과거 시제를 사용한다. 이 말을 실제 대화로 풀어보면 이렇게 된다.

A: Have you been to Japan? (일본에 가본 적 있니?)
B: Yes, I have been to Japan. (응, 가본 적 있어.)

'Yes, I have.'로 짧게 대답해도 되지만, 현재 완료 시제를 좀 더 보여주기 위해서 전체 문장으로 표현했다.

A: When did you go? (언제 갔니?)
B: I went to Japan last year. (작년에 갔어.)

시점이 중요하다. 그래서 단순 과거 시제로 질문했다. 질문에 작년이라는 시점이 나왔다. 그래서 단순 과거 시제로 답한다. 다시 말하면 현재 완료는 시점, 즉 시간대, 날짜, 연도 등을 표시하지 않은 채 과거에 대해 이야기할 때 주로 쓰인다. 또 다른 예를 들어보자.

A: Have you eaten? (뭐 먹었니?)
B: Yes, I have. (응, 먹었어.)

언제 먹었는지는 중요하지 않다. 밥을 먹었는지가 중요하다.

A: When did you eat? (언제 먹었어?)
B: I ate an hour ago. (1시간 전에 먹었어.)

'언제'라는 과거의 시간대가 중요해졌다. 이때 단순 과거를 사용한다. 한 시간 전이라는 시간대가 표시되면서 단순 과거가 된다.

이와 달리 어떤 과거의 한 시점에서 시작해 지금까지 지속되는 일에 대해서는 'since'라는 단어를 써서 '~이래'로 표현하거나, 어느 정도의 기간을 표현하는 'for'를 사용하여 현재 완료 형태와 같이 서술한다.

I have been here since last year.

(작년부터 지금까지 1년 동안 이곳에 있음을 나타낸다.)


I have been here for 5 years.

(지난 5년 동안 내내 이곳에 있었음을 나타낸다.)


다른 상황에서의 쓰임도 있지만, 우선 가장 대표적으로 단순 과거 시제와 구분해서 써야 할 상황에 대해서 간단히 나열해보았다. 이것만 기억하자. 현재 완료를 가장 많이 사용하는데, 그 이유는 과거의 시점에 대한 정확한 정보가 불필요한 과거에 한 일에 대해서는 현재 완료 시제를 사용하기 때문이다. 현재완료와 단순 과거만 구분해서 사용해도 영어가 훨씬 유창해 진다.


### 현재 진행형Present Progressive

현재 진행형은 말 그대로 지금 현재, 딱 이 순간에 진행되고 있는 일에 대한 표현을 할 때, 사용된다. 그 형태는 'Be + 동사 ing'이다. 딱 이 시점에 일어나는 일에 대한 것을 표현한다.


A: What are you doing? (너 지금 뭐하니?)

B: I am reading a book. (책 읽고 있어.)

지금 딱 이 시점에 하고 있는 일을 묻고 답한다.


A: What do you do?

B: I am a doctor. (나는 의사야.)

단순 현재 형태의 질문이다. 규칙적으로 매일 하는 일로, 결국 직업을 묻는 질문이다. 직업을 묻는 질문이기에, Be 동사 형태로 답을 해도 무방하다.


A: What are you thinking?

B: I am thinking of you. (네 생각하고 있어.)

지금 무엇을 생각하고 있는지에 대한 질문이므로, 그 시점에 하고 있는 생각을 답했다.


A: What do you think?

B: I think it is ok. (괜찮다고 생각해.)

이 경우의 질문은 단순 현재 시제로 물음으로써, 평소의 생각 또는 의견을 물을 때 사용한다.

### 미래시제 – Will vs. Be Going To

마지막으로 하나 더 팁을 주자면, 미래 시제 대표적인 표현 두 가지의 미묘한 의미 차이이다. 미래를 나타내는 시제를 사용할 때, 우리는 'will' 또는 'be going to + 동사'를 사용한다. 둘 다 미래에 일어날 일, 또는 할 일에 대해서 말할 때 사용된다. 그러나 미묘한 의미 차이를 두고 이를 분리해서 사용하기도 한다. 예를 들어 미리 계획된 일에 대해서 말을 할 때에는 'be going to'를 사용하고, 계획되지 않았지만 하겠다는 의지를 담아 말을 할 때에는 'will'을 사용하는 것이 더 적합하다.

'내가 도와줄게.'
'I will help you.' (O)
'I am going to help you.' (X)

도울 일이 생길지 몰랐고 계획도 없었지만, 지금 당장 도움이 필요해 보이니 도와준다는 말이다.

이와 달리 '오늘 바쁘니?'라는 질문에 대한 대답으로 '응, 친구 만나.'라는 말을 할 때는 친구와의 약속이 계획된 일이었기 때문에 'be going to'를 쓴다.

'I will see my friend.' (X)
'Yes, I am going to see my friend.' (O)

이처럼 각 시제들이 가진 미묘한 의미차이들을 구분하면서 시제를 잘 활용하면, 영어를 풍부하고 좀 더 명확하게 표현할 수 있게 된다. 어렵다고 생각하지 말고, 시제는 꼭 정리해두자! 그렇지 않으면 '나 어제 밥 먹는다.'라는 유아틱한 영어에서 벗어나지 못한다.

## 시제로 불평불만 나타내기 "맨날 저래!"

### Always + 현재 진행형Present Progressive

한 가지 재미있는 사실은 시제로 불평불만을 나타낼 수도 있다는 것이다. 우리는 보통 'always'라는 단어를 '항상'이라는 뜻으로, 규칙적으로 일어나는 일에 쓴다. 규칙적으로 일어나는 일은 단순 현재와 쓰여야 맞는데, 이 'always'를 현재 진행형과 같이 쓰면 '맨날 저래!'라는 표현이 가능하다.

'She is always singing at night!'
쟤는 맨날 밤에 노래 불러!

always를 현재 진행형과 함께 써서 이에 불평불만이 있음을 나타낸다.

# 08 다른 사람의 표현을 훔쳐라

The best way to have a good idea is to have lots of idea.
좋은 생각을 하는 최고의 방법은 많은 생각을 하는 것이다.
– Linus Pauling 라이너스 폴링

### 혼자 하지 말고 사람을 통해 배워라

영어를 공부할 수 있는 자료들은 수도 없이 많다. 자료가 없어서 공부를 못한다는 말은 이제 통하지 않는다. 인터넷만 접속해도 영상 자료부터 읽을거리들이 수도 없이 쏟아진다. 그래서 무엇을 먼저 봐야 할지 모를 정도다. 너무 많으면, 오히려 없는 것과 비슷해진다. 선택지가 너무 많으면 사실 아무것도 선택하지 않게 된다. 이 선택지를 어떻게 지혜롭게 좁혀나갈 수 있을까를 고민해야 한다. 선택지가 많다는 장점을 바탕으로 내가 좋아하고 즐길 수 있는 분야를 영어로 파고들자. 그러면, 쉽게 지치지도 않고 얼마든지 오랫동안 지속적으로 영어 실력을 향상 시켜 나갈 수 있다. 자주 듣고, 보이는 대로 소리 내서 읽는 것이 중요하다. 귀와 입에 익을 수 있도록 말이다.

그렇지만 혼자서 하는 영어공부는 한계가 있다. 언어는 다른 사람과 소통하기 위한 도구인데, 혼자서 공부한다는 것 자체가 어불성설이기도 하다. 언어 공부를 혼자 하면 어느 시점엔가 실력 향상이 멈춘다. 종종 멈춘 자리에서 어떻게 해야 더 잘할 수 있을지 방법이 보이지 않을 때가 있다. 이때는 해결 방법이 따로 있다.

사람을 통해서 배워라!

### 상대가 한 말을 그대로 따라해서 되물어라

아주 간단하다. 상대가 한 말을 그대로 따라하면서 되물으면 된다. 의문형으로 바꾸어서 되물어도 되고, 문장 전체를 그대로 따라하면서 되묻는 형식을 취할 수도 있다.

A : I watched the movie last night. 어제 영화 봤어.

B : Oh, did you watch the movie last night? 어제 영화 봤다고?

확인차 묻기 때문에, 이때에는 끝을 올리지 말고 내려준다.

B : What was the story about? 무슨 내용이었어?

이때는 궁금해서 답을 얻기 위해 질문한 것이므로 끝을 올려준다. 한 번 되묻고 대화를 이어가도 자연스럽다.

물론 이 방법은 너무 자주 사용하면 이상하고 무례하게 들릴 수도 있다. 한국어를 할 때에도 누군가 되물으면 아주 싫어하는 사람들이 있다. 하지만 적절하게 잘 사용하면 상대의 표현을 내 입으로 한 번 더 연습할 수 있는 기회가 된다. 바로 되물으면서 상대의 표현을 한 번 내 입으로 말해보는 것이 포인트다.

영어 실력이 초급 단계에서 중급 단계로 넘어가면 표현이 고착화된다. 쓰는 말만 계속 쓰고, 쓰는 단어만 계속 쓰게 된다. 그러면서 영어 실력이 더 이상은 늘지 않는 슬럼프에 빠진다.

사실 슬럼프란 없다. 우리의 생각이 슬럼프라 명명하면서 그렇게 느낄 뿐이다. 그 순간에도 실력은 보이지 않게 늘고 있다. 그러나 슬럼프라고 생각하는 이 시기를 잘 넘기지 못하면 더 이상 하지 않게 된다. 그러면 영어 실력은 진짜로 제자리에 머문다.

이럴 때, 사람을 통해서 다시 한 번 에너지를 얻고 배워 가는 것이다. 다른 사람의 표현을 내 것으로 만들어가면서, 고착된 영어 실력을 다시 한 번 끌어 올려보자.

## 하루 5문장씩 필사하라

대화를 하면서 되묻는 방법 말고도, 또 다른 방법으로 다른 사람의 표현을 훔칠 수도 있다. 바로 필사다. 영어 소설책이나 뉴스 기사 하나를 문장을 따라 적어보는 방법이다. 작가의 표현법을 내 손으로 직접 쓰면서 익히는 것이다. 이 때 아무 생각 없이 옮겨 적기만 한다면 하나마나한 필사가 된다. 시간과 종이 낭비가 될 뿐이다.

필사를 할 때에는 문장 구조를 파악하고, 내용을 이해하면서 따라 써야 한다. 문장 하나하나를 내가 뜯어본다는 기분으로 필사를 해 나가면 된다. 빨리 많은 양을 매일 쓰려고 하기보다, 문장을 5개만 써 보더라도 한 문장 한 문장을 음미해 나가면서 쓰는 것이 중요하다.

하루 5문장을 필사하는 데에는 그리 많은 시간이 걸리지 않는다. 대신 조급함을 버려야한다. 만약 소설책을 한 권 필사하기로 마음먹었는데, 그 한 권을 빨리 끝내고 싶은 마음에 처음부터 많은 양을 쓰기 시작하면 손만 아프고 쉽게 지친다. 지치면 다시 시작하는 데 더 오랜 시간이 걸린다. 조금씩 지치지 않으면서 매일 해나갈 수 있는 것이면 좋겠다. 매일 5문장씩 필사하기, 어렵지 않다. 틈이 날 때 한 번이라도 해보자.

## 작은 것 하나라도 영어로 듣고, 읽고, 말하고, 써라

모든 일에서 수천 번의 생각보다 한 번의 행동이 중요하다. 능동적으로 학습할 때 실력은 눈에 띄게 향상된다. 학원에 가서 앉아 일방적인 수업을 듣기만 하면 영어는 늘지 않는다. 인터넷 방송으로 매일 학습한다 해도, 직접 말 한마디를 해봐야 실력이 는다. 직접 손으로 일기를 써보고, 쓴 것을 내가 다시 읽어보면서 영어 실력은 향상된다.

이처럼 생활 속에서 영어를 실천해야 한다. 작은 것 하나라도 영어로 듣고, 읽고, 말하고, 써봐야 한다. 특히 말하고 쓰는 것은 내가 배운 영어를 밖으로 내보내는 역할을 한다. 밖으로 내보내기는 머릿속으로 이해해서 정말로 내 것이 되었을 때에만 가능하다.

그래서 공부 방법 중에 내가 공부한 내용을 다른 친구에게 가르쳐주는 방법이 있다. 이것이 제일 확실하게 공부하는 방법이다. 내가 이해한 것을 말로 표현하는 것은 100% 내 것이 되었을 때에만 가능하다. 말로 표현이 잘 안 되는 부분은 내가 부족한 부분이다. 이 부분을 잘 파악해서 보충해 나가면 된다. 머릿속에서만 맴도는 영어가 밖으로 나올 때 비로소 빛을 보게 된다는 것을 명심하라.

어떤 일이든 하루 만에 모든 것이 반짝하고 이루어지지 않는다. 하루

하루의 작은 노력들이 쌓여 결실을 맺게 된다. 하지만 많은 사람들이 하루를 흘려보낸다. 오늘도 '무사히' 보낸 하루로 만들고 있다. 꼭 무엇을 이루어야 행복한 삶이라고 말할 수 없지만, 자신이 목표한 바가 있다면 그 목표를 위해 한 걸음 한 걸음 나아가는 하루가 되어야 한다.

24시간을 전부 투자할 수는 없어도 5분, 10분이라도 하자. 오늘 내가 헛되이 보내지 않은 시간이 결실로 결실을 맺는다. 시간이 결코 내 편은 아니지만 그렇다고 배신하지도 않는다. 투자한 만큼 고스란히 내게 현실로 돌아온다.

### 혼자 하는 공부에 슬럼프가 올 때, 함께 배워라

무엇보다 중요한 것은 자신에게 맞는 공부 방법을 찾는 것이다. 아무리 뛰어난 방법들을 알려주어도, 그 방법이 나와 맞지 않는다면 아무런 소용이 없다.

재작년에 동남아시아에 지카 바이러스가 창궐하여 많은 사람들을 공포에 몰아넣었던 적이 있다. 친구 한 명이 그때 당시 태교 여행으로 베트남을 가기로 했다가 취소했다. 친구 남편이 의사인데, 남편이 그랬다고 한다. '지카 바이러스에 감염될 확률을 30%다, 70%다 말을 하지만 어떤 사람이 지카 바이러스에 감염될 확률은 50%다. 감염되거나, 안되거나 둘 중 하나다.' 사람에게 감염될 확률이 20%라고 해서 내가 바이러스에 감염될 확률이 20%는 아니라는 이야기다. 결국 각각으로 생각해야 하는 문제이다.

공부 방법도 마찬가지이다. 100명 중 90명의 사람들이 이 방법이 옳다고 말을 한다고 해서, 90% 확률이 내게 적용되는 것은 아니다. 내게 맞거나, 안 맞거나 둘 중 하나일 뿐이다. 그래서 더욱 내게 맞는 공부 방법을 찾아내는 것이 중요하다. 예를 들어 어떤 사람은 귀로 들으면 빨리 습득이 되고, 어떤 사람은 눈으로 보는 것이 더 빨리 습득되기도 한다. 어떤 정보를 눈으로 봤을 때와 귀로 들었을 때, 언제 더 쉽게 기억하고 이해하는가? 그쪽이 효과적인 공부 방법이다.

물론 여기서 효과적이라는 말은 시간을 단축해줄 수 있다는 말일 뿐, 그 방법만으로만 공부할 필요는 없다. 영어를 재미있게 습득해나가는 다양한 방법을 찾아가면 된다. 그리고 더는 앞으로 나아갈 수 없을 때에는 다른 사람들과 함께 가자. 혼자 공부한 것보다 여러 명이 함께 나눌 때 그 내용은 배가 된다. 혼자 책상에 앉아서 책을 열심히 파는 것보다, 여러 명이 앉아 나누는 대화에서 더 많은 것을 배울 수 있다.

다른 사람을 통해 배운다는 생각으로 되묻는 방법, 필사 등으로 다른 사람들이 즐겨 사용하는 표현을 내 것으로 만들자. 나의 표현력은 더욱 풍부해질 것이다.

에필로그

# 딱 3개월, 완벽하게 영어에 미쳐보라!

**오늘도 영어 때문에 고민하는 당신에게**

지금만큼 영어공부를 하기에 좋은 날도 없다. 인터넷을 통해 영어로 된 문서를 쉽게 접할 수 있고, 영어로 된 콘텐츠를 무료로 어디에서든 보고 들을 수 있다. 해외 유명 인사들이 추천하는 영문 서적도 온라인에서 클릭 하나만으로 쉽게 구할 수 있다. 시중에는 정말 잘 나온 영어 교재들이 한 가득이다. 비법들도 여러 가지이다. 다만 얼마나 나에게 맞는 영어 비법을 내가 빨리 찾아내어 습득하느냐가 관건이다. 끊임없이 영어를 접하고 영어에 노출되다 보면 그 비법 또한 쉽게 찾아낼 수 있다.

대학 입시를 준비하면서 매일 같이 외웠던 영어단어들, 매일 같이 읽고 독해하면서 풀었던 영어들이 고스란히 자신 안에 있음을 믿자. 어디

다른 데로 가지 않았음을 누구보다 자신이 잘 알고 있다. 그러나 지금까지 너무 많은 input만 있었던 영어를 이제는 밖으로 분출해내면서 정리할 때다.

### 자신감 있게 소리 내 읽고, 말하고, 써보라

매일 영어 뉴스 한 꼭지씩 이해가 되든 안 되든, 주어와 동사의 큰 줄기만 찾아놓고 소리 내서 읽어보자. 소리내서 읽을 때에는 꼭 녹음을 하자. 그리고 다시 들어보면서 자신의 전달력을 체크해나가자. 지나가면서 들리는 영어 문장 하나를 그대로 따라하면서 내 입으로 한마디씩 툭툭 내뱉어보라. 잠들기 전 감사 일기를 영어로 써보라. 이 책에서 제시한 영어 공부법을 원포인트 레슨으로 활용하라.

그리고 항상 자신의 실력보다 한 단계 높은 수준의 영어를 접하라. 그래야 실력이 빨리 는다. 많은 어학 연수생들이 어학연수를 통해 실패하는 이유는 비슷한 수준의 친구들과 어울리기 때문이다. 비슷한 수준에서 서로 굳이 말하지 않아도 이해가 되는 친구들과 어울리면서 영어실력은 늘 제자리에 서 있다.

결국은 자신감이다. 영어로 말을 할 때, 스스로 주눅 들지 않고 영어가 외국어라는 사실 자체를 인지하는 것만으로도 자신감은 상승한다. 영어를 모국어처럼 구사하지 못한다고 해서 자신감이 떨어질 이유가 전혀 없다. 우리가 실제 생활에서 마주하는 영어는 영어를 모국어로 사용하는 사람들의 영어보다, 그 외의 나라에서 영어를 사용하는 사람들과의 영어가 더 많다. 그래서 국제행사에서 영어로 사회를 볼 때에도 가장 중요시되는 것이 정확한 전달력과 천천히 말하는 습관이다. 참석자들은 영어권에서 온 사람들이 아닌 세계 각지에서 몰려든 사람들이 대다수이기 때문이다.

### 하루하루, '영어하며' 미쳐보라!

영어를 공부하기로 마음먹었다면, 영어를 꼭 잘해야 할 이유가 명확해졌다면, 이제는 완벽한 영어공부법으로 하루하루를 쌓아가자. 언젠가 자신의 영어실력이 그 시간들이 결코 헛되지 않은 시간이었음을 알려 주는 날이 온다.

딱 3개월, 미친 듯이 영어에 빠져보자. 어쩌면 많이 지루하고, 많이 힘들 것이다. 하지만 오늘도 한걸음만 더 앞으로 내딛자. 당신이 그토록 꿈꾸고 바라는 세상은 바로 그 한걸음 뒤에 펼쳐져 있다.


"Take just one more step forward!"
한 걸음만 더 앞으로 나아가라!

마지막으로 이 책이 나오기까지 도와주신 많은 분들에게 감사 인사 말씀을 전하고 싶습니다. 책 주제를 기획하고 책이 계약되기까지 저를 이끌어주신 한책협의 김태광 대장님, 제 원고의 가치를 알아봐주신 미다스북스의 명상완 실장님, 그리고 멋진 책으로 만들어준 미다스북스의 이다경 편집팀장님 및 스텝 분들에게 심심한 감사의 인사를 전합니다. 그동안 책 쓴다고 아무 것도 신경 쓰지 않도록 세심하게 배려해준 부모님, 언니, 형부, 남동생 진영이, 그리고 밤늦게까지 책 쓰는 동안 곁에서 늘 함께해준 강아지 복동이. 모두 고맙습니다. 부족한 나에게 많은 기회를 주고 또 책이 나오면 더 큰 날개를 달아줄 고평수 실장님에게도 감사드립니다.

어떤 일에 있어서든, 혼자서 해낼 수 있는 일은 없습니다. 함께하기에 더 멀리 갈 수 있음을 늘 깨닫게 됩니다. 보이지 않는 곳에서 항상 응원해주고 지지해준 모든 분들에게 감사드립니다.

2018년 6월 전희정